Karl-Heinz Schubert
Bündnisse & Wendepunkte
25 Jahre Trend Onlinezeitung - Teil 1

AF272511

Der Autor *lebt in Berlin als Publizist. Er studierte Politologie und Soziologie. Anschließend arbeitete er für mehrere Jahrzehnte in verschiedenen Bildungseinrichtungen. Er ist Mitglied der GEW, für die er 1985 zusammen mit Kolleg:innen TREND als Zeitung gründete. Seit Januar 1996 erschien sie von ihm redigiert und herausgegeben als Onlinezeitung. Ab 2021 verwaltet er den Datenbestand der Zeitung als digitales Archiv.*

Karl-Heinz Schubert

BÜNDNISSE & WENDEPUNKTE

25 Jahre Trend Onlinezeitung

Teil 1

INFOPARTISAN

Impressum

Bibliografische Information der Deutschen Nationalbibliothek: Die Deutsche Nationalbibliothek verzeichnet diese Publikation in der Deutschen Nationalbibliografie; detaillierte bibliografische Daten sind im Internet über http://dnb.dnb.de abrufbar.

Die automatisierte Analyse des Werkes, um daraus Informationen insbesondere über Muster, Trends und Korrelationen gemäß §44b UrhG („Text und Data Mining") zu gewinnen, ist untersagt.

© 2025 Karl-Heinz Schubert

Verlag: BoD · Books on Demand GmbH, Überseering 33, 22297 Hamburg, bod@bod.de

Druck: Libri Plureos GmbH, Friedensallee 273, 22763 Hamburg

ISBN: 978-3-8192-2664-9

Inhalt

Danksagung

gewidmet den Menschen, die für TREND schrieben oder das Projekt auf andere Weise unterstützten

Besonderer Dank an

Andrea Eismann, Anne Seeck, Celle Czerlinsky, Rolf-Dieter Missbach, Peter Nowak, Guenther Sandleben, Sebastian Stegner und last not least an die Genoss:innen aus der LUNTE

KHS im Frühjahr 2025

Stadtteilladen in der Weisestr. 53

Hinweis: Das Buch wurde soweit wie möglich in geschlechtergerechter Sprache mit Doppelpunkt als Binnenzeichen geschrieben. Aus Gründen der Lesbarkeit erschien es bisweilen geboten, das generische Maskulinum zu verwenden.

B

Prolog

Die *Große Methode* ist eine praktische Lehre der
Bündnisse und der Auflösung der Bündnisse, der Aus-
nutzung der Veränderungen und der Abhängigkeit
von den Veränderungen, der Bewerkstelligung der
Veränderung und der Veränderung der Bewerksteller,
der Trennung und Entstehung von Einheiten, der Un-
selbständigkeit der Gegensätze ohne einander, der
Vereinbarkeit einander ausschließender Gegensätze.
Die *Große Methode* ermöglicht, in den Dingen Prozesse zu erkennen und zu benutzen. Sie lehrt Fragen
zu stellen, welche das Handeln ermöglichen.

Bertolt Brecht

Meine Idee, dieses Buch zu schreiben, entstand in den Jahren 2021 bis
2023 während ich den Datenbestand der Domain INFOPARTISAN und
der TREND Onlinezeitung, der in 25 Jahren entstanden war, für das Archiv neu strukturierte und dafür eine eigene Benutzeroberfläche mit Icons
und Buttons einrichtete. Dabei war vor allem darauf zu achten, dass die
jeweiligen Datenverknüpfungen nicht verändert wurden, um die bisherige
Erreichbarkeit der jeweiligen „Webadresse" zu erhalten.

So blieb es nicht aus, dass ich mir noch einmal die 25 Jahre Geschichte
der Onlinezeitung kleinschrittig vor Augen führen musste, wozu auch Gespräche und Korrespondenzen mit ehemaligen TREND-Protagonist:innen
und Autor:innen gehörten. Je mehr ich in meinem Rückblick in die Vergangenheit eintauchte, desto mehr entstand bei mir das Bild eines kollektiven politischen Prozesses, den drei gewerkschaftliche Akteure am
Ende des Jahres 1995 erfolgreich in Gang setzten, um auf der Grundlage
vermuteter politischer und ideologischer Gemeinsamkeiten „links&radi-
kale" Politik via Internet publizistisch zu unterstützen. Von daher erklärt
es sich auch, wenn Wikipedia heute schreibt:

Trend online hat es vielen Kleingruppen einer politisch zersplitterten
Linken ermöglicht, ein gegenüber ihren eigenen Organen breiteres
Publikum zu erreichen und darüber hinaus einen Austausch und Dis-
kussion zwischen diesen Gruppen erreicht." (Wikipedia Trend)

Das sich selbst fortentwickelnde publizistische Konzept der Onlinezeitung trug aber von Beginn an Bruchstellen in sich, die in den folgenden

Jahren zu mehreren konzeptionellen Neuausrichtungen und entsprechenden personellen Veränderungen führten. Im Sinne von Bertolt Brecht können sie als kollektive Wendepunkte gelesen werden, denn für unser lernendes Voranschreiten wurde die „Große Methode" zunehmend zum Kompass. Für ihn sind die „Große Methode" und ihre „praktische Anwendung" eine Metapher für die materialistische Dialektik in der Lesart von Karl Marx. Und sie ist nicht nur ein Werkzeug zum Erkennen, sondern stellte für manche von uns bisweilen auch eine mentale Herausforderung dar, denn:

„Für Leute ohne Humor ist es im Allgemeinen schwerer, die Große Methode zu begreifen." (Brecht 1992:66)

Wendepunkte, wenn sie nicht empirisch wie z.b. in der Klimafrage oder im Piotrowski-Gesetz (Wikipedia Piotrowski) definiert werden, sondern als begrifflicher Spiegel für subjektive Wahrnehmungen und Empfindungen dienen, müssen erkenntnistheoretisch betrachtet auf einem anderen Wege auf ihren Begriff gebracht werden. In Bündnissen wie in unserem Zeitungsprojekt deuteten sich Brüche zunächst einmal als diskursive Ambivalenzen an, worin sich subjektiv interpretierte Wahrnehmungen und Empfindungen zwischen uns ausdrückten. Solche Differenzen führten dann für einzelne „Bewerksteller" zur Beendigung ihrer Mitarbeit in der Onlinezeitung

Ideologiekritisch betrachtet handelte es sich um einen Widerspruch zwischen dem Bemühen um eine klassenpolitische Fokussierung von der Onlinezeitung anstelle einer politischen Ausrichtung auf Praxen für eine milieulinke Lebensweltgestaltung. Wir konnten ihn durch Anwendung der „Großen Methode" lösen. So wurden nun Ambivalenzen und konträre Meinungen auf der gemeinsam akzeptierten klassenpolitischen Grundlage solidarisch und nicht antagonistisch behandelt bzw. blieben solidarisch nebeneinander weiterbestehen. Ab der Ausgabe 3/2011 wirkte der „Arbeitskreis Kapitalismus aufheben (AKKA)" als Herausgeber der Onlinezeitung. Damit wurde der Abschluss dieser Entwicklungsphase von TREND nach Außen formal kenntlich gemacht.

Dass sich Ambivalenzen in linken Bündnissen so wie in unserem „TREND-Projekt" überhaupt zu Antagonismen entwickeln konnten, gründet meines Erachtens objektiv in dem anhaltenden Umbau der Klassenstrukturen durch einen neoliberal regulierten und mit entsprechendem Wertekostüm ausgestatteten Kapitalismus. Dieser ist besonders dadurch geprägt, dass sich nicht nur die sozialen Strukturen der Klasse, die über den Produktionsprozess verfügt, fortlaufend ausdifferenzieren, sondern dass durch diese rasante Entwicklung der Produktivkräfte auch die Arbeiter:innenklasse insgesamt einem stetigen inneren Umstrukturierungsprozess unterworfen ist. Inmitten dieses Umbauprozesses entstand in den letzten zwei Jahrzehnten eine „akademische Mittelklasse", so wie sie von dem Kulturwissenschaftler Andreas Reckwitz (2018) anschaulich beschrieben und von Daniel Dockerill (2022) klassenanalytisch verortet wird:

> „Es ist so mittlerweile ein überbordendes Konglomerat teils etablierter, zum größeren Teil aber wohl eher prekärer, in jedem Fall aber unproduktiver, nämlich aus vom Mehrwert abgeschöpften Steuern oder steuerähnlichen Gebühren, zu einem Gutteil wohl auch durch altruistisch verbrämtes Sponsoring finanzierter Existenzen entstanden, die allesamt sich zur Wahrung der höchsten Interessen berufen fühlen. Interessen, die nicht einmal mehr bloß die Menschheit an und für sich betreffen, sondern noch lieber den ganzen Globus mit seiner Flora, Fauna und allem Drum und Dran, hinter dessen Rettung nötigenfalls ordinäre menschliche Interessen zurückzutreten haben."

Indem die TREND Onlinezeitung von Beginn an gezielt für ein politisches Spektrum links von der Partei „Die Linke" publizierte, um die dort vertretenen politischen Strömungen mit ihren Positionen zu dokumentieren und zu kommentieren, entwickelte sie sich zu einem digitalen Gedächtnisspeicher und erfüllt damit heute die Funktion einer kollektiven Zeitzeugin. Ihre politische Ausrichtung auf die historisch mögliche soziale Emanzipation der Arbeiter:innenklasse war für uns „Trendies" ein Produkt unseres kollektiven Erkenntnisprozesses. Und ja - das hieß auch, die Kritik an dem ideologischen Gebräu der neuentstandenen „akademischen Mittelklasse" publizistisch zu führen.

Ich habe meine Erzählung als chronologischen Bericht gestaltet, der aus der Quasi-Perspektive einer „dritten Person" abgefasst ist. Damit beabsichtige ich zum einen, den kollektiven Charakter unserer publizistischen und politischen Bemühungen zu unterstreichen. Zum andern kann ich mich auf diese Weise von „Außen" in das berichtete Geschehen politisch wertend einbringen.

Durch diese Form einer kommentierenden Berichterstattung wird mein Rückblick zu einem Begleitbuch für das „TREND-Archiv". Es wird als erster Teil der „TREND-Geschichte" herausgegeben. In dem ersten Teil werden allerdings die Themenfelder, die in den 25 Jahren Zeitungsarbeit persönlich meine und theoretischen politischen Schwerpunkte bildeten, nicht näher behandelt. Sie werden stattdessen als zweiter Teil der „TREND-Geschichte" unter dem Titel „Nachbetrachtungen" demnächst erscheinen. Darin werden sie in vier Themenbereiche gegliedert sein, die sich als Beiträge zu den aktuellen Diskursen über politische Partizipation sowie Bau- und Wohnungspolitik verstehen.

Als Zugabe zur besseren Nutzung von Teil 1 des Buches befindet sich am Anfang eines jeden Kapitels neben dem Titel ein QR-Code, dessen Scan direkt zum Quellenverzeichnis dieses Kapitels im Internet führt. Dadurch kann beim Lesen direkt auf die gesuchten Quellen digital zugegriffen und auf diese Weise die archivierte Onlinezeitung auf vielfältige Weise kennengelernt werden. Auch für den zweiten Teil ist vorgesehen dieses „Gimmick" zu implementieren.

Karl-Heinz Schubert

Brecht,Bertolt: Me-ti.Buch der Wendungen;
Baden-Baden Suhrkamp 1992

Dockerill, Daniel: Plattform am Ende
veröffentlicht am 28. März 2022
https://www.planet-marx.net/2022/03/28/plattform-am-ende/

Reckwitz, Andreas: Die Gesellschaft der Singularitäten,
Berlin Suhrkamp 2018

Wikipedia Piotrowski:
https://de.wikipedia.org/wiki/Piotrowski-Gesetz

Wikipedia Trend:
https://de.wikipedia.org/wiki/Trend_Onlinezeitung

Parole an den Berliner Yorckbrücken in den 1990er Jahren

1995 Eine Idee wird geboren

Am frühen Nachmittag des 2. Juni 1995 fuhren Detlev Kretschmann und Karl-Heinz Schubert zur Berliner GEW-Landesgeschäftsstelle in der Schöneberger Ahornstraße und ließen sich dort vom Drucker die fertigen Exemplare der TREND-Ausgabe 2/1995 (1) aushändigen. Anschließend trafen sie sich mit Günter Langer und überklebten auf der Titelseite der kompletten Ausgabe den Namen der GEW Kreuzberg mit ihren eigenen Namen. Damit wiesen sie sich nun als Herausgeber aus, um sie anschließend in Kreuzberger Schulen, bei GEW-Versammlungen und im Stadtteil zu verteilen, denn diese Ausgabe sollte eigentlich – obwohl fertig gedruckt – nicht mehr erscheinen dürfen.

Diese Zensurmaßnahme hatte zuvor die GEW-Bezirksleitung auf Empfehlung der Kreuzberger GEW-Personalräte beschlossen. Zu diesem Zeitpunkt waren nämlich landesweit Personalratswahlen angesetzt und im GEW-Funktionärskörper war mensch der Meinung, dass diese TREND-Ausgabe auf keinen Fall erscheinen dürfe, weil dann mit Stimmenverlusten bei den Personalratswahlen zu rechnen sei. Doch für eine Revision dieser autokratischen Entscheidung durch ein Mitgliedervotum gab es keine Zeit mehr, denn in wenigen Tagen sollten Kreuzberger Schüler:innen aufgrund willkürlicher polizeilicher Ermittlungen wegen „schweren Landfriedensbruchs" verurteilt werden. Von daher hatte diese Ausgabe nicht den landesweiten Personalratswahlkampf zum Schwerpunkt sondern die dringend notwendige Solidarität mit diesen Schüler:innen.

Während ihres Unterrichtsprojekts am Marzahner Freizeit- und Erholungszentrum am 22. November 1994 waren diese Kreuzberger Schüler:innen und ihre Lehrerin von einer zivilen Fahndungsgruppe der Polizeidirektion Weißensee beobachtet worden, als sie sich gegen Schüler:innen einer nahegelegenen Gesamtschule zur Wehr setzten, weil sie von diesen aggressiv mit „Heil-Hitler-" und „Ausländer raus"-Rufen bedroht wurden. Acht von ihnen wurden zusammen mit ihrer Lehrerin vorübergehend festgenommen. Wenige Tage später wurden sogar einzelne von ihnen während der Unterrichtzeit aus ihren Klassen geholt und widerrechtlich im Schulleiterzimmer kriminalpolizeilich verhört.

Unmittelbar nach diesem Vorfall war TREND Nummer 3/1994 erschienen und berichtete umfassend über diese skandalösen Ereignisse und die

Solidarität mit den Schüler:innen (2). Als im Januar 1995 die repressiven Ereignisse weiter eskalierten, wurde von der Redaktion umgehend die Ausgabe 1/1995 erstellt. Sie enthielt Informationen über das Kesseltreiben gegen die Lehrerin zur Vorbereitung eines Berufsverbots sowie über weitere Verhöre der Schüler:innen und über Ermittlungen gegen Schubert wegen angeblicher Mitgliedschaft in der damals vom Staatsschutz gesuchten militanten Gruppe „Klasse gegen Klasse"(3).

Durch die clevere Inbesitznahme der inkriminierten TREND 2/1995 konnte diese Ausgabe nun an vielen Schulen und im Stadtteil verbreitet werden und damit gerade noch rechtzeitig vor dem Termin des Strafprozesses gegen die drei ältesten von den acht in Marzahn festgenommenen Schüler:innen am 19. Juni 1995 erscheinen. Am Prozesstag riefen deren Mitschüler:innen vor ihrer Schule plus Schüler:innen aus anderen Schulen zum Besuch des Prozesses auf – dabei unterstützt von Eltern und einigen GEW-Kolleg:innen aus ihrer Schule. Es gab mehrere Transparente, Flugblätter wurden verteilt und TREND 2/1995 an interessierte Passant:innen ausgehändigt. In der darin abgedruckten Solidaritätserklärung der Redaktion hieß es:

„Wir fordern Freispruch für alle drei Angeklagten! Wir erheben diese Forderung in Erwägung: 1. daß die Anklage aus Gründen der Staatsraison Ereignisse mit dem Ziel konstruiert, nichtdeutsche Jugendliche wegen ihrer Herkunft abzustrafen. Dabei stützt sich die Beweisführung auf rassistische Argumentationsfiguren, 2. daß die Angeklagten keine Gruppe bildeten und schon gar nicht deswegen, um Gewalttätigkeiten zu begehen oder die öffentliche Sicherheit zu gefährden. Vielmehr reagierten sie auf rassistische und faschistische Provokationen als Einzelpersonen mit ‚Verantwortungsreife', indem jeder für sich diesen Provokationen entschlossen entgegentrat, ohne dabei Gewalt anzuwenden. Waffen wurden nicht benutzt. Daher gab es auch keine Verletzten. 3. daß eine Verurteilung einerseits einem Freibrief für rassistische und faschistische Provokationen gleichkäme und andererseits dadurch Notwehrhandlungen kriminalisiert würden. Dies wäre ein nicht hinzunehmender Angriff auf antifaschistisches Handeln." (ebd.)

Für die Personalversammlung der Kreuzberger Lehrer:innen am nächsten Tag erstellten die Redakteure zusätzlich ein „TREND Extrablatt", in dem ausführlich über den Prozess berichtet wurde. Das Verfahren „wegen schweren Landfriedensbruch" gegen die drei Schüler:innen war zwar eingestellt worden – allerdings mit der Auflage eine entsprechende Stundenzahl an sogenannter Freizeitarbeit abzuleisten. Pointiert kommentierte „TREND" diese Entscheidung:

> „Die Kreuzberger Schüler hatten sich am 22.11.1994 bedroht gefühlt. Und sie hatten individuell gehandelt. Ihnen für dieses Handeln nun „verantwortungsreife" zuzubilligen und sie milde abzustrafen, heißt ihnen Verantwortung zu übertragen für etwas, wofür sie gar keine Verantwortung tragen können, nämlich für ein Klima in dieser Stadt, daß nichtdeutschen Menschen Angst macht und sie tagtäglich vor die sie überfordernde Aufgabe stellt, damit persönlich umzugehen. Im Prozess und in der Gerichtsentscheidung blieb dieser gesellschaftliche Hintergrund ausgeblendet, die nichtdeutschen Schüler dürfen sich als Gäste im neuen Deutschland bewähren." (4)

Nach den Sommerferien reagierte die Kreuzberger GEW-Bezirksleitung auf die Aktivitäten der drei TREND-Redakteure und hoffte, auf einer Mitgliederversammlung, zu der sie zum 3. September 1995 eingeladen hatte, eine Abwahl der Redaktion durchsetzen zu können. Daraufhin erklärten Detlev Kretschmann, Günter Langer und Karl-Heinz Schubert in einem offenen Brief (5), verbreitet über die GEW-Bretter in den Betriebsstellen und Lehrerzimmern Kreuzbergs, ihren Rücktritt aus der Redaktion. In der Folgezeit sollte es eine GEW-Zeitung für Kreuzberg nicht mehr geben.

Im Kampf gegen das TREND-Verbot hatte sich bei den drei Redakteuren eine Art von politischem Quasi-Konsens herausgebildet, der sie nach Wegen suchen ließ, gemeinsam radikaldemokratisch und antifaschistisch – vor allem aber in eigener Regie – journalistisch tätig zu bleiben. Ihre bildungspolitische Kritik am Berliner Senat und der mit ihm kooperierenden GEW war weniger aus den ökonomischen Bedingungen ihres Arbeitsverhältnisses abgeleitet, sondern resultierte eher aus dem eigentümlichen Bild vom bundesdeutschen Staat, das sich seit 1990 bei den „Autonomen" (6)(7) – d.h. im parteipolitisch nicht organisierten „links&radikalen" Spektrum – unter dem Schlagwort „4. Reich" und mit der Parole „Nie wieder Deutschland" herausgebildet hatte.

Entstanden war diese politische Linie, die jenen Begrifflichkeiten zugrunde lag, im Niedergangprozess des Kommunistischen Bundes Ende der 1980er Jahre (8). Deren Spezifikum bestand darin, im Begriff der Nation den klassenanalytischen Staatsbegriff verschwinden und stattdessen den

Staat als ein strukturelles Sammelsurium einzelner Herrschaftsapparate wieder erscheinen zu lassen (9). Mit einem in dieser Weise verkürzt konstruierten Staatsbegriff erschien nun staatliches Handeln, wodurch die Einwohnerschaft der BRD sortiert nach völkischen Kriterien unterschiedlich behandelt wird, als faschistisches Erbgut des 3. Reiches. Rassismus und Fremdenhass wurden mithilfe der Psychoanalyse als massenpsychologisch sich ausdrückende Triebabfuhr einer entschlüsselten deutschen Volksseele gedacht (10).

Zu diesem Zeitpunkt benutzten linke Kräfte in der BRD bereits seit mehr als einem Jahrzehnt im Internet Mailboxen und Newsgruppen. Besondere Bedeutung erlangte dabei seit 1987 das CL-Netz, dessen Gründer:innen aus dem Spektrum der Jusos kamen (11). Der Datenaustausch erfolgte durch eine puristische Textgestaltung mittels grüner oder bernsteinfarbener Einheitsschriftzeichen auf schwarzen Bildschirmen ohne Bilder und andere graphische Elemente. Damit konnten im Internet zu diesem Zeitpunkt die einfachen grafischen Ansprüche der gedruckten TREND-Ausgabe nicht umgesetzt werden.

Erst das auf der Seitenbeschreibungssprache HTML basierende Konzept des World Wide Web (WWW), das sich seit 1994 im Internet zu verbreiten begann, schien hingegen die graphischen Ansprüche der drei TREND-Macher:innen möglich werden zu lassen. Befördert wurde die Entwicklung von „bunten Reklametafeln an der Datenautobahn" durch eine anwachsende Indienstnahme des WWW seitens transnational agierender Unternehmen. Dies wiederum trieb die Entwicklung geeigneter Software voran (12). So brachte 1995 Microsoft das Betriebssystem „Windows 95" auf den Markt, worin standardmäßig eine Schnittstelle zum Internet integriert war. In Ergänzung dazu wurde im selben Jahr von Microsoft das Programm „Frontpage" als Werkzeug für grafische Webseitengestaltung ohne HTML-Kenntnisse angeboten.

Diese neuen Entwicklungen beflügelten Kretschmann, Langer und Schubert TREND als Onlinezeitung erscheinen zu lassen. Die virtuelle Form war für sie nicht nur eine kostengünstige Lösung zur Verbreitung von Nachrichten und Kommentaren, sondern sie bot auch die Möglichkeit eine politische Publizität zu erlangen, die mit einem lokalen Printmedium, wie es TREND zuvor gewesen war, niemals hätte erreicht werden können. Ende des Jahres stand für die Drei fest, sich ab 1996 journalistisch im Internet zu betätigen. Ihre Adressaten wurden für sie nun stadtpolitische Gruppen aus dem „autonomen" Spektrum sowie in Betrieben oppositionell agierende Linke. Im Nachhinein lassen sich ihre damaligen journalistischen und politischen Überlegungen, mit denen sie im World Wide Web mit TREND an den Start gingen, folgendermaßen kursorisch beschreiben:

+ Hauptaufgabe der TREND-Homepage sollte es sein, sich zu einer Veröffentlichungsplattform für „links&radikale" Projekte und Einzelpersonen zu entwickeln. Von dort aus sollten strömungsübergreifend Nachrichten für das „links&radikale" Spektrum im WWW verbreitet werden. Starten wollten sie mit ihren bisherigen Schwerpunkten Antifaschismus und Antimilitarismus sowie Gewerkschafts- und Sozialpolitik. Des Weiteren wollten sie ausgewählte Nachrichten und Texte aus dem CL-Netz durch TREND über das WWW verbreiten.

+ Mit diesen Aktivitäten war beabsichtigt eine Vernetzung der fragmentierten „links&radikalen" Milieus durch Internetnutzung anbahnen, um zu zeigen wie bestehende Zusammenhänge trotz vorhandener ideologischer Differenzen aufeinander zugehen und dies publizistisch umsetzen können. Zudem war geplant virtuelle Gedächtnisspeicher aufzubauen, die ausgewählte Texte, Quellen und Dokumente der 1968er Jugend- und Studierendenbewegung enthalten. Auch sollten dort Texte bereitgestellt werden, die sozialemanzipatorische Praxen theoretisch bestimmen und reflektieren.

+ Um diese Ansprüche zu unterstreichen, untertitelten die drei Gründer der Onlinezeitung das TREND-Logo mit dem Slogan „Onlinezeitung für die alltägliche Wut". Dieser Slogan konnte auf zweifache Weise verstanden werden. Zum einen sollten in der Onlinezeitung diejenigen eine virtuelle Veröffentlichungsplattform bekommen, für die der kapitalistische Alltag nur noch mit Wut im Bauch zu ertragen war. Wut war für die TREND-Redaktion aber auch ein gesellschaftliches Phänomen und damit integraler Bestandteil des kapitalistischen Alltags. Daher wollten sie zum andern mit der Onlinezeitung auch die Perspektive einer selbstbestimmten kollektiven Aufhebung des Kapitalismus vermitteln.

Schließlich fiel die Providerwahl ganz pragmatisch auf CompuServe (13). Denn 1996 hatte dieser Provider in einer breiten Werbekampagne mit sehr preisgünstigen Internet-Angeboten vor allem Kleinkapitalist:innen und auch private User:innen umworben. Dieses Angebot enthielt eine eigene Homepage auf dem „Ourworld.CompuServe"-Server und damit in Verbindung auch eine eigene Emailadresse.

Handzettel für linke Buchläden und Kneipen
verteilt im Frühjahr 1996 in Berlin

1996/97 Start auf der Datenautobahn

„Die ehemaligen TREND-Macher fühlen sich nunmehr von den Restriktionen offizieller Gewerkschaftspolitik entbunden und können sich daher jetzt der freien Analyse ihrer gesellschaftlichen Umwelt, ohne Rücksicht auf etwaige Empfindlichkeiten einer zumeist beamteten Klientel, widmen." (1)

Während der chinesischen Kulturrevolution war seit Mitte 1966 die Dazibao (Wandzeitung) ein wichtiges basisdemokratisches Instrument der Massenkommunikation.

„Von zentraler Bedeutung war zudem, dass der Freiheit und Kreativität der Autoren keine Grenzen gesetzt waren: Jeder konnte seine Wandzeitung so anfertigen, wie es ihm gefiel." (2)

Deren Konzept wurde von der 1968er Jugend- und Studierendenbewegung sowie von der aus ihr hervorgehenden Bewegung der K-Gruppen übernommen, später auch von Autonomen adaptiert und modifiziert.

Anders verhielt es sich, als TREND im Januar 1996 als Onlinezeitung startete. Die grafischen Seitengestaltungsmöglichkeiten waren durch die Hardware und die geringe Leistungsfähigkeit des Betriebssystems sowie durch einen VGA-15 Zoll Röhrenbildschirm immer noch stark eingeschränkt. Der Text konnte horizontal in seiner Seitenbreite nur begrenzt abgebildet werden. Vertikal war er in Seitenlänge nur abschnittweise zu scrollen. Und dennoch rief diese Technik bei den drei „alten 68ern" die Assoziation hervor, sie könnten jetzt Texte mit einer virtuellen Dazibao verbreiten. Diese politische und ästhetische Grundstimmung sollte fortan bis zur letzten Ausgabe das Erscheinungsbild der Onlinezeitung bestimmen.

Nachdem TREND am 18. Januar 1996 mit einer provisorischen Startseite im WWW platziert worden war, traf sich die Redaktion wenige Tage später und legte fest, welche Rubriken vorerst den Kern der Onlinezeitung bilden sollten. Dabei handelte es sich um „Panorama" für Nachrichten aus Politik, Wirtschaft und Kultur, „Outsites" als Linksammlung politisch wichtiger Internetadressen und um die „Linkskurve" als Textsammlung für linke Theorie sowie um „Archive" für Dokumente und themenbezogene Literaturlisten. Die Seitenführung war deutsch und englisch, um die weltweite Bereitstellung des Projekts zu unterstreichen.

Eine der ersten Schwerpunkte der redaktionellen Arbeit war die Bekanntmachung der Onlinezeitung im Wege der gegenseitigen Verlinkung mit anderen linken Internetprojekten. Dazu gehörten z.b. die Radikal" (3) und die Internetseite der „Industrial Workers of the World" (4), aber auch die Seiten des Asta der FU Berlin und die auf dem Server der TU Berlin gehostete „Hochschulecke der Sofapolitik". Des Weiteren wurde eine Printversion (5) der TREND-Ausgabe vom 31. Januar 1996 als Flugschrift erstellt, die in linken Berliner Buch- und Infoläden ausgelegt wurde.

An der Redaktionssitzung am 18. März 1996 nahmen erstmalig Erhard Kleps und Rolf-Dieter Missbach teil. In den 1980er Jahren hatte Karl-Heinz Schubert zusammen mit ihnen und weiteren Genoss:innen das „Westberliner Info" herausgegeben. Ein parteiunabhängiges politisches Magazin, dessen theoretische Grundlagen in einem Kapital-Arbeitskreis erarbeitet und diskutiert worden waren. Auf dieser Sitzung wurde auch beschlossen, Udo Kochs Buchhandlung „Anti-Quariat" in der Kreuzberger Oranienstrasse 45, einem ehemals besetzten und jetzt selbstverwalteten Haus, als Kontaktanschrift und Poststelle für TREND zu benutzen. Ebenfalls wurde auf dieser Sitzung mit der Arbeitsgruppe „GewerkschafterInnen gegen Rassismus und Faschismus" vereinbart, deren Rundbrief (6) online zu stellen.

Am 9. Mai 1996 veröffentlichte die TAZ, die neuerdings ebenfalls über eine „Reklametafel" auf der Datenautobahn verfügte, ein Kurzporträt von TREND unter dem Titel „Der Link der Linken":

„Ordentliche, das heißt deutsche Marxisten halten das Internet immer noch für einen besonders schwer zu durchschauenden Trick der internationalen Hochfinanz. Anarchisten hatten seit jeher weniger Angst vor dem Computer. Seit Anfang des Jahres gibt es nun beides zugleich in deutscher Sprache, Marx und Mac: ‚Trend - Die Onlinezeitung für die tägliche Wut'. Geduldiges Klicken bringt unter anderem eine Erklärung der Berliner Wagenburgen hervor, außerdem einen Bericht über die Vorbereitungen zum ‚revolutionären 1. Mai', Texte über Hausbesetzungen in Berlin, die PKK, die Autonomen, einen Aufsatz über den Freiheitsbegriff des Anarchismus, Demo-Termine. Da kommen romantische Vorstellungen auf von nomadisierenden Wagenbürgern, die, mit Laptop und Handy bewaffnet, im Cyberspace publizieren. Tatsächlich wird ‚Trend' von einer Gruppe Kreuzberger Linker herausgebracht, die sich selbst als ‚alte 68er' bezeichnen. Außer eigenen Beiträgen haben die Linksradikalen von ‚Trend‘ eine hervorragend recherchierte Liste mit Bookmarks zusammengestellt: von ‚A‘ wie ‚Anarchismus‘ bis ‚Z‘ wie ‚Zapatisten‘. „Mit der linken Maustaste kann man die Marxsche Werttheorie downloaden: andere Hyperlinks führen zur Homepage der Kampagne für Mumia Abu-Jamal oder zu Grafikdateien von revolutionären Flugblättern des Heidelberger AStA.“ (7)

Repressive Toleranz

Bereits Ende Mai 1996 musste die Redaktion feststellen, dass wegen etlicher Veröffentlichungsanfragen aufgrund des zunehmenden Bekanntheitsgrades von TREND der Speicherplatz bei CompuServe (ein Megabyte) zukünftig nicht mehr ausreichen würde und mindestens zehn Megabyte Speicherplatz gebraucht werden. Am 5. Juni 1996 wandte sich deshalb die Redaktion per Email an Bernd Rockmann, den Vorsitzenden des BerliNet e.V, einem in Kreuzberg ansässigen Internetprovider, der bisher hauptsächlich Newsgruppen und Mailboxen betreut hatte und nun beabsichtigte, ergänzend dazu am WWW teilzunehmen und seiner Mitgliedschaft entsprechenden Speicherplatz und Zugänge zur Verfügung zu stellen. Noch am selben Tag antwortete Bernd Rockmann:

> „Sollte kein Problem sein. Ihr könnt Eure Pages hier kostenlos unterbringen, sofern Ihr Euch selbst um das Update kümmert. Dieses Projekt würde bei uns reinpassen, denn der Kurdistan-Rundbrief (als Beispiel) ist hier seit Jahren zu Hause. Demnächst wird man hier auch Seiten der Anti-Rassistischen-Initiative e.V. finden können.“

Es folgten einige Treffen mit Rockmann, der den TREND-Redakteuren schon deshalb sympathisch war, weil er – politisch ähnlich sozialisiert wie sie – sich in den 1970er Jahren in einem westberliner Großbetrieb der Metallindustrie als „Roter Betriebsrat“ engagiert hatte. Im Juli wurde schließlich der Umzug auf den BerliNet Server technisch und organisatorisch vorbereitet und die Emailpostfächer für die Redaktion eingerichtet. In seiner Juliausgabe interviewte das Berliner Stadtmagazin „Zitty“, für seine Rubrik „Chatten. Browsen. Surfen“ die TREND-Redaktion anlässlich ihres zum 1. August 1996 bevorstehenden Wechsels zu BerliNet. Darin wurde ihr publizistisches Konzept als „virtuelle Flugbörse“ charakterisiert, wo „alles, was den Anspruch hat, links und radikal zu sein“ virtuell verbreitet werden soll (8).

Ziemlich zeitgleich erschien eine „CompuServe Mitgliederzeitung" als Erstausgabe von „Pl@net" mit einem „Webguide" für die BRD, publiziert von dem US-amerikanischen Ziff-Davis Verlag, der auch die damals stark verbreitete Computerzeitung „PC Express" herausgab (9) Darin enthalten „500 handverlesene Internet-Adressen" und versehen mit dem Hinweis auf das zuvor am 1. August 1996 in Kraft getretene „Telekommunikationsgesetz (TKG)" sowie eingeleitet mit der reißerischen Frage: „Ist im Netz der Wurm drin – oder doch nur der Staatsanwalt?" Der nachfolgende Text schilderte in knappen Worten die strafrechtliche Verfolgung der online erscheinenden „radikal" verbunden mit „Tips für strebsame Staatsanwälte" und einer unmissverständlichen Drohung:

„...auch auf deutschen Servern gibt's linkes Gedankengut – angereichert mit Hyperlinks zu den Radikal-Seiten. Werfen Sie doch mal einen unverbindlichen Blick auf „Die Anarchistische Internetzeitung, „Gegendruck", „Roter Splitter" oder „Trend Online – für die alltägliche Wut"..." (10).

Wie in „Pl@net" angedroht, begann CompuServe unmittelbar nach in Kraft treten des TKG mit der politischen Zensur. Am 11. September 1996 erhielt Angela Marquardt, damals stellvertretende Bundesvorsitzende der PDS, die Mitteilung, dass ihre CompuServe-Homepage ab sofort geschlossen sei. Im November folgten schließlich die Begründung und ein Kompromissangebot:

„...wie Ihnen bekannt ist, haben wir den Zugriff auf Ihre Homepage in OurWorld aufgrund eines Links auf den ‚Radikal'-Server gesperrt. Wir sind der Meinung, daß dieser Link nicht den CompuServe Mitglieds- und OurWorld-Bestimmungen entspricht. Sollten Sie sich dazu entscheiden, den Link aus Ihrer Homepage zu entfernen, schalten wir Ihre Homepage gerne wieder frei." (11)

So stellte sich am Zensurfall „Marquardt" alsbald heraus, dass die Ankündigung der TREND-Redaktion, sich im Internet „der freien Analyse ihrer gesellschaftlichen Umwelt" widmen zu können, ein wenig blauäugig ausgefallen war. Als „alte 68er" hätten sie nur noch einmal in Herbert Marcuses Essay „Repressive Toleranz" aus dem Jahre 1966 zu schauen brauchen, wo dieser bereits in der Einleitung formuliert, dass das, „was heute als Toleranz verkündet und praktiziert wird, in vielen seiner wirksamsten Manifestationen den Interessen der Unterdrückung" (12) dient und dass der Kapitalismus, seine Monopole und deren Staat gesellschaftlicher Grund und Rahmen dieses Zustands sind (13).

Mit dem Telekommunikationsgesetz von 1996, das auf Empfehlung der EU erlassen wurde, begann der Staat als idealer Gesamtkapitalist auch in der BRD mit der formellen Subsumtion des Internets unter das Kapitalverhältnis als Voraussetzung für seine reelle Subsumtion unter die spezifischen Verwertungsbedürfnisse einzelner Kapitalfraktionen. Susanne Lang nannte 2017 rückblickend für die damals einsetzende explosionsartige Entwicklung des „Cyberspace" drei entscheidende Faktoren: „die Niedrigzinspolitik in den USA, die offene Architektur der TCP/IP-Protokolle und die staatlichen Investitionen in die „Spekulationsblase der New Economy" (14). Dazu mussten folgerichtig auf staatlichen und zivilgesellschaftlichen Ebenen auch entsprechende Rechtsreformen und Sanktionen installiert werden (15).

Diese Anfänge politischer Repression gegen „free speech" und „free visit" als flankierende Maßnahmen für die sich von den USA nach Europa ausdehnende „Dot-Com-Blase" veranlassten die TREND-Redaktion zusammen mit Bernd Rockmann, dazu eine Geprächsrunde mit den Berlinet-User:innen im Herbst 1996 durchzuführen. Als Ergebnis wurde von dieser Runde die Durchführung einer Infoveranstaltung mit dem Titel „Alles nur bunte Reklametafeln an der Datenautobahn?" verabredet, wozu das einjährige Bestehen von TREND als „Ezine" im Januar 1997 zum Anlass genommen werden sollte. In der Vorbereitung dazu nutzte die Redaktion den 40. Jahrestag des KPD-Verbots, um mit einer virtuellen Textsammlung deutlich zu machen, dass Repressionen gegen Linke seit Beginn an integraler Bestandteil der bundesdeutschen Geschichte sind. Gleichzeitig warb sie für ihre strömungsübergreifenden Vernetzungsideen, bot von daher linken Projekten Unterstützung beim Aufbau einer Homepage auf dem Berlinet-Server sowie Spiegelungen und Nachrichtenverbreitung an. Bezugnehmend darauf schrieb der 1989 aus der DDR-Oppositionszeitschrift „Umweltblätter" hervorgegangene „telegraph" am 6. Oktober 1996.

> "Liebe Trend-Leute! Nachfolgender Artikel kommt im neuen "telegraph", der aber wohl erst am Ende naechster Woche gedruckt ist. Das ist zu spaet für die Unterstuetzung dieses ziemlich gefaehrlichen Ghandi-Marsches, den die EZLN-Führung gerade durchführt. Es waere schoen, wenn Ihr aus aktuellem Anlaß den Text aufnehmen koenntet, auch wenn Euch die anarchopazifistische Richtung politisch nicht so passt." (16)

Und die in Wien erscheinende „Kunst der Gegenwart" lobte TREND in ihrer Okt./Nov.-Ausgabe 1996 auf folgende Weise:

"Mit deutscher Gründlichkeit wird seither wöchentlich der Terminteil auf den neuesten Stand gebracht. Monatlich wird das ganze ‚Heft' upgedatet. Dazu lädt die Redaktion jeden Monat eine andere linke Gruppe ein, sich im Cyberspace zu präsentieren, zuletzt unter anderem den Berliner Anarchistischen Buchladen, eine Nordirlandgruppe und die ‚antirassistischen/antifaschistischen Gewerkschafter." (17)

Am 10. Januar 1997 erhielt die Trend-Redaktion von Angela Marquardt folgenden Hilferuf per Email:

„Hallo, Seit ein paar Tagen ist es amtlich. Fuer Links im Netz auf Seiten, die der deutschen Justiz nicht passen, wird mensch strafrechtlich verfolgt. Nach der Zensur meiner Seiten bei Compuserve, steht ein Verfahren in dieser Sache an."

und legte die Kopie der Anklageschrift zur Veröffentlichung bei. Aus dieser wurde unschwer ersichtlich, wie CompuServe und der Staatsapparat bei der politischen Repression gemeinsame Sache gemacht hatten, um Angela Marquardt für folgenden Tatvorwurf „Anleitung zu einem gemeingefährlichen Vergehen nach §316b Abs.1 StGB, Hilfe geleistet zu haben" anzuklagen (18)

Vernetzung und Solidarität

Die im Herbst geplante TREND-Berlinet Veranstaltung fand exakt am 18. Januar 1997, dem ersten Jahrestag des Internetstarts von TREND, in einem Kreuzberger Jugendfreizeitheim statt, weil es für die Veranstaltung über die notwendige technische Ausstattung verfügte. Außer der Onlinezeitung und ihrem Umfeld sowie dem BerliNet-Verein waren folgende Projekte vertreten: Die „Antirassistische Initiative(ARI)"; die „Berliner Berichte"; die libertäre Zeitschrift „espero"; der „Kurdistan Rundbrief" sowie der „Rundbrief Gruppe antifaschistischer, antirassistischer Gewerkschafter ". Für die „TAZ" war der Medienwissenschaftler Tilman Baumgärtel (19) und für die „Junge Welt" Ann Stafford erschienen (20).

In der Eröffnungsrede berichtete die TREND-Redaktion, dass mittlerweile eine monatliche Ausgabe 70 bis 100 Dateien enthielte, regelmäßig Veranstaltungstermine im WWW bekanntgegeben und TREND-Seiten monatlich zwischen 4.000 und 6.000 Mal besucht werden. Gestützt auf diese Erfahrungen vertrat die Redaktion die Ansicht, dass das WWW eine

gute technische Voraussetzung sei „die Dialogfähigkeit der Linken wieder-
herstellen" zu können, denn seine Technik und Struktur würden die reale
Chance bieten, „zerstrittene Fraktionen wieder zu vernetzen – und sei es
durch Hyperlinks.". Doch diese Ansicht wurde nicht von allen geteilt. Der
Pressedienst „poonal", der seit 1991 aktuelle Meldungen und Hinter-
grundberichte aus Lateinamerika in deutscher Sprache veröffentlichte,
hob aufgrund seiner langjährigen Erfahrungen die herausragende Bedeutung des „Fido-Net und der Mailboxen" für die politische Arbeit im Internet hervor. Die Rote Hilfe erklärte, dass sie nur deshalb im Netz sei, „weil
man es machen muss", aber „neue Mitglieder seien damit nicht gewonnen"
worden. Sie setze dafür weiterhin auf die „traditionellen Mittel wie Demos
und Broschüren". Allerdings räumte sie ein, dass die Kommunikation jetzt
leichter werde, weil das Briefe schreiben in den meisten Fällen entfiele.

Ihre Widerstände gegen die „bunten Reklametafeln an der Datenautobahn" hingen vor allem mit ihrem politischen Selbstverständnis zusammen. So war es kein Zufall gewesen, dass der „Kommunistische Bund
Westdeutschland (KBW)" bereits Mitte der 1970er Jahre zentralisierte
Datenfernübertragung via Modem und Textverarbeitung plus Schreibau-
tomaten einsetzte. Damit konnte die KBW-Zentrale die Informationen aus
den lokalen Gliederungen zeitgleich sichten, auswählen und politisch hie-
rarchisiert verbreiten (21). Kurzum diese Kommunikationsstruktur war
eine, die wie ein Wegbereiter wirkte, dass in den 1990er Jahren Informationen aus den selbstorganisierten lokalen Newsgruppen durch zentrale
Administratoren sortiert, aufbereitet und verbreitet wurden (22).

Gegen diese Vorbehalte verteidigte die TREND-Redaktion ihr Engagement für dezentrale politische Strukturen im WWW und forderte außerdem dazu auf, diesen virtuellen Kommunikationsraum nicht einfach kom-
merziellen Anbietern zu überlassen. Im Anschluss an diese Aussprache
wurden von Michael Klockmann die „ARI-Webseiten" mithilfe eines Bea-
mers vorgeführt und deren HTML-Programmierung erläutert.

Im letzten Teil der Veranstaltung wurde die Frage diskutiert: „Was
tun, wenn der Staat gegen Linke im Web vorgeht, wie jüngst gegen die
Zeitschrift „radikal" auf dem niederländischen Server von „xs4all" und damit thematisch verbunden die Solidarität mit Angela Marquardt. Eine
mögliche Antwort könnten Mirrorsites sein, die auf verschiedenen Servern
liegen, hieß es in der Diskussion. Dafür wurde ein nächstes Treffen vorgeschlagen, wo überlegt werden sollte, wie diese und andere Formen der ge-

genseitigen Solidarität organisiert werden könnten. Die TREND-Redaktion kündigte an, den Prozess gegen Angela Marquardt zu besuchen und darüber zu berichten. Dieser Prozess fand wenige Tage später am 4. Februar 1997 vor dem Landgericht Berlin statt. Die Anklage stand jedoch auf wackligen Beinen, sodass der Staatsanwalt selber Freispruch forderte, weil ihm die Argumente ausgingen (23). Zwei Monate später teilte am 16. April 1997 der niederländische Internetprovider „www.xs4all.nl", wo die „radikal" gehostet wurde, der TREND-Redaktion mit, dass das „Deutsche Forschungsnetz" von der Staatsanwaltschaft informiert worden sei, dass „xs4all" die „radikal" hoste. Das Deutsche Forschungsnetz habe daraufhin die Netz-Verbindungen blockiert (24) (25). Diese Ereignisse wirkten wie ein Vorwarnung auf eine künftige Zunahme von staatlicher Repression und Providerwillkür gegen „free speech" und free visit" im Internet. Im Hinblick auf solche Vermutungen stellte die Projektgruppe „Kulturraum Internet" des Wissenschaftszentrums Berlin im Herbst 1998 fest:

> „Eines der Anliegen in unserem Forschungsprojekt war aufzuzeigen, daß das Modell Internet auf Grundlage eines dichten Geflechts von tradierten Annahmen und Regeln funktioniert, die in ihrer Summe als Garanten des freien Datenflusses wirken .... In Anbetracht der massiven gesetzgeberischen Versuche der Einflussnahme auf das Netzgeschehen könnte sich diese Prognose aber auch schon in wenigen Jahren als frommer Wunsch bzw. leere Phrase erweisen." (26)

Der Benno-Ohnesorg-Kongress

Im April 1967 begann die TREND-Redaktion mit dem Aufbau eines virtuellen Textarchivs zur Geschichte der 68er Bewegung (27). Es war geplant, diese „Internet-Bibliothek" als Grundlage für Veranstaltungen zu nehmen, die für den Winter 1997/98 in Vorbereitung waren. Auf der monatlichen Redaktionssitzung Ende April nahm Ann Stafford für den „RefRat" der Humboldt Universität Berlin (HUB) teil und berichtete von der Zeitschrift „Kalaschnikow", die für den 2. Juni 1997 einen sogenannten Benno-Ohnesorg-Kongress plane. Bei diesem Treffen kritisierte die Redaktion das unausgegorene Konzept der Kalaschnikow-Redaktion und bat Ann Stafford, die die Kritik der Redaktion teilte, um die Herstellung eines Kontakts zu dieser Zeitung. Nach Rücksprache mit dem „RefRat" vermittelte sie ein Treffen zwischen „Kalaschnikow" und TREND. Dazu wurde den „Kalaschnikow"-Leuten mitgeteilt, dass der „RefRat" den Kongress nur dann finanziell unterstützen werde, wenn es im Hinblick auf seine Durchführung zu einer konzeptionellen Übereinkunft zwischen den beiden Redaktionen kommt. Von daher gab der „RefRat" am 7. Mai 1997 zu dem Vorhaben noch einmal diesen deutlichen Hinweis:

„Problematisch ist, daß bisher ein stichhaltiges inhaltliches Konzept zum Kongress fehlt. Es besteht deshalb die Gefahr, daß es bei der jetzigen Zusammensetzung der Podien weniger um eine Perspektive für die jetzige StudentInnensituation (Bewegung?) oder gesellschaftliche Lage geht (auch wenn die 3. Generaldebatte als Strategiediskussion wie weiter bezeichnet ist). Damit wäre der Kongress eher ein folgenloses Abfeiern der damaligen APO und weniger die Überlegung, was die 68er-Zeit mit heute zu tun haben konnte." (28)

Daraufhin lud TREND zu einem Arbeitstreffen zwischen den beiden Redaktionen ein, um die unterschiedlichen Konzepte und politischen Ansprüche aufeinander abzustimmen. Obgleich die beiden Redaktionen sich mit ihren Standpunkten nicht viel nähergekommen waren, fand am 26. Mai 1997 eine gemeinsame Pressekonferenz statt. Dort wurde mitgeteilt, dass der Benno-Ohnesorg-Kongress vom 31. Mai bis 1. Juni 1997 in der Technischen Universität Berlin stattfinden wird. Parallel dazu veröffentlichte die TREND-Redaktion eine Pressemitteilung, um politisch zu verdeutlichen, warum sie sich für diesen Kongress engagiert. Vor allem wies sie darauf hin, dass sie nicht nur mit eigenen Programmbeiträgen dabei sein wird, sondern den Kongress mit einer TREND-Sonderseite im WWW bewerben und dokumentieren wird. Im Hinblick auf ihre politischen Absichten hieß es:

„Wenn es auf diesem Kongress gelingt, die Lehren aus der Geschichte der StudentInnen- und Jugendbewegung mit den aktuellen Fragen ‚links&radikaler' Politik zu vermitteln, könnte dies ein Beitrag sein, wieder zu einer dauerhaften Vernetzung ‚links&radikaler' Gruppen und Strömungen zu kommen. Ein solches ‚rotes Netzwerk', welches sich die theoretischen Grundlagen für die Aufhebung der kapitalistisch warenproduzierenden Gesellschaft aneignet und dabei eine entsprechende politische Praxis entfaltet, trägt die Chance in sich, die allgegenwärtige Vorstellung vom Ende der Geschichte in der bürgerlichen Gesellschaft zur Erosion zu bringen." (29)

Die vom „RefRat" anfänglich geäußerten Bedenken, dass dem Kongress ein tragfähiges politisches Gesamtkonzept fehle, sollte sich leider auf dem Kongress im Wesentlichen bestätigen. Bereits die „1. Generaldebatte" konnte am Freitagabend den 30. Mai 1997 nicht wie geplant durchgeführt werden, da von den fünfzehn alten „68ern", die von der Kalaschnikow-Redaktion eingeladen wurden, nur Bernd Rabehl erschienen war. Um die rund 400 Anwesenden im AudiMax der Technischen Universität nicht unverrichteter Dinge nachhause schicken zu müssen, wurde von den beiden Moderatoren, Morus Markard und Stefan Pribnow (Kalaschnikow) im Saalpublikum nach „68er"-Zeitzeugen für das Podium gesucht.

Schließlich bestand es aus Heide Berndt (SDS Frankfurt), Rainer Langhans (Kommune 1), Bernd Rabehl (SDS Westberlin) und Karl-Heinz Schubert (SHB Westberlin), die sich spontan zur Verfügung gestellt hatten. Es folgte eine kurze Vorstellungsrunde und die anschließende Podiumsdiskussion mäanderte dann ziellos unter dem Motto vor sich hin: Wir gehörten zwar vor 30 Jahren alle irgendwie zur außerparlamentarischen Opposition, aber ein politisches Miteinander im Hier und Jetzt streben wir heute nicht mehr an. Der Saal leerte sich zusehends.

An den folgenden beiden Tagen wurden insgesamt 15 AGs und zwei weitere „Generaldebatten" angeboten (30). Von Seiten der TREND Onlinezeitung moderierte Karl-Heinz Schubert die AG „Antiautoritäre Erziehung" mit Christine Liebel und Lutz von Werder als Referierende sowie die AG „Aufbruch zum Proletariat" – eine Gesprächsrunde mit Genoss:innen aus den westberliner „Arbeiterbasisgruppen" der späten 1960er Jahre sowie Akteur:innen aus dem linksradikalen Hamburger Spektrum der 1990er Jahre. Ob die anderen 15 AGs – wie geplant – stattfanden, ist nicht mehr überliefert.

Die 16. AG: „Jungle World – Die Zukunft der linken Presse und der Streit bei der jungen Welt" war spontan zum Beginn des Kongresses aufgrund der drohenden Spaltung der „Jungen Welt" für den 31. Mai angesetzt worden, nachdem zuvor die Vermittlungsversuche des ehemaligen DDR-Ministerpräsidenten Hans Modrow zwischen den zerstrittenen Parteien gescheitert waren. Die Krise in der Redaktion der Jungen Welt (JW) war Mitte Mai 1997 offen ausgebrochen, als der JW-Geschäftsführer Dietmar Koschmieder mitteilte, dass er den Chefredakteur Klaus Behnken abgesetzt habe. Die Redaktionsmehrheit trug die Entscheidung nicht mit, sondern antwortete mit einem Streik und gab eine Streikzeitung mit dem Titel „Jungle World" heraus, die seitdem als milieulinke Wochenzeitung erscheint.

Zehn Jahre später erinnerte die „Jungle World" in dem Artikel „Wie man einen Dschungel pflanzt" noch einmal an diese AG, wo definitiv der letzte Versuch unternommen wurde, den endgültigen Bruch zu vermeiden:

„Am 31. Mai erscheint die zweite Ausgabe der doppelseitigen Streikzeitung Jungle World. Am selben Tag findet in der TU Berlin eine Podiumsdiskussion im Rahmen des Benno-Ohnesorg-Kongresses mit Koschmieder und Jürgen Elsässer statt. Das Gespräch dauert und dauert, aber Koschmieder erklärt, es gebe für ihn keine Kompromissmöglichkeit – und bekommt eine Torte ins Gesicht. An eine Übereinkunft glaubt inzwischen kaum noch jemand." (31)

Nach der am Freitagabend missglückten 1. Generaldebatte, verlief am folgenden Tag die 2. Generaldebatte nicht weniger chaotisch. Zunächst einmal sah sich der Moderator von der „Kalaschnikow" nach dem Ablauf der 1. Generaldebatte mental nicht mehr in der Lage, erneut zu moderieren. So bat er Günter Langer und Karl-Heinz Schubert kurz vor der Veranstaltung die Debatte zu moderieren. Jedoch war auch hier von den vier angekündigten Zeitzeugen nur Jutta Ditfurth von der „ÖkoLinX-Gruppe" erschienen. Hinzugeholt wurde als zweiter Referent Pascal Beucker von der „Uni-Konkret". Mit ihm und Ditfurth vereinbarten Langer und Schubert, dass die Debatte mit Berichten aus den AGs begonnen wird, die dann als Grundlage der anschließenden Diskussion dienen sollten.

Doch bei Eintritt in die gerade eben vereinbarte Tagesordnung ergriff Jutta Ditfurth das Wort und bezeichnete Rainer Langhans aufgrund seiner aktuellen politischen Ansichten als „Eso-Faschist", um ihm das Recht abzusprechen, an dem Kongress teilnehmen zu können, und beantragte dessen Entfernung aus dem Saal. Dabei wurde sie lautstark von ihrer „ÖkolinX"-Gruppe unterstützt. Langer bezeichnete daraufhin Ditfurths Forderung als „stalinistische" Methode und sein Versuch zur Tagesordnung zurückzukehren ging in einem Tumult unter. Schließlich gelang es Johannes Agnoli die Situation zu retten, indem er vorschlug, in der Tagesordnung einfach weitermachen und auf die Abstimmung des Antrags von Jutta Ditfurth zu verzichten. Dafür erhielt er breiten Beifall aus dem gesamten Auditorium und die Berichterstattung aus den AG`s konnte beginnen.

Die 3. Generaldebatte, die mit dem Titel „Radikale Opposition heute?" für den Nachmittag des letzten Kongresstages angekündigt war, begann erneut chaotisch. Auch hier musste das Podium kurzfristig völlig neu gebildet werden, weil die beiden „Kalaschnikow"-Moderatoren sich dazu wieder nicht in der Lage sahen. Die Moderation wurde daraufhin von ihnen auf Indre Illig (HUB-Studierende) und Günter Langer übertragen. Gleich zu Beginn der Debatte forderte Ditfurth wieder den Ausschluss des Ex-Kommunarden Langhans. Daraufhin verlas Langer eine am Abend zuvor auf einem Treffen von „alten 68ern" beschlossene Erklärung, worauf es zu heftigen Auseinandersetzungen mit der „ÖkolinX"-Gruppe kam. In diesen Disput griff Johannes Agnoli noch einmal vermittelnd ein. Jedoch konnte seine wohlgemeinte Intervention den Abbruch des Kongresses am 1. Juni nicht mehr verhindern. Zu diesen Vorgängen hieß es in der TREND-Pressemitteilung vom selben Tage:

> „An Günter Langer kritisierte er (Agnoli), dass dieser in seinem Redebeitrag Jutta Ditfurth nicht mehr als "Genossin" sondern als "die Person" bezeichnet hatte. Als Günter Langer daraufhin antwortete, dass er Personen, die ihn mit "blankem Hass in den Augen" vom Podium vertreiben, nicht mehr als "Genossin" bezeichnen könne, sprang Manfred Zieran, der Lebensgefährte von Jutta Ditfurth, auf das Podium und versuchte, auf Günter Langer einzuprügeln. Es ist allein der Tatsache zu verdanken, dass sich spontan die beiden ehemaligen Mitglieder der Bewegung 2. Juni (Bommi Baumann und Johann von Rauch – der Bruder des von der Polizei 1971 erschossenen Georg von Rauch) schützend vor den Angegriffenen stellten und deutlich machten, weitere Tätlichkeiten entsprechend zu verhindern, so dass es zu keinen weiteren Gewalttätigkeiten seitens der Ökolinx-Gruppe kam. Nach diesem Tumult verließen alle ReferentInnen das Podium. Dabei erklärte Biplab Asu, daß er mit einer Linken, die "Gewalt in der Diskussion einsetzt", nicht mehr diskutieren will. Dabei wurde er massiv von AnhängerInnen der Ökolinx-Gruppe niedergeschrien. Dem schloss sich Bernd Gehrke mit der Begründung an, dass er mit einer Linken, die "prügeln will", nicht diskutieren werde. Stefan Pribnow schlug nun vor, dass erstens Jutta Ditfurth, die Möglichkeit erhalten solle, ihre Position zu begründen, und zweitens dann die ReferentInnen mit der 3. Generaldebatte beginnen sollten. Jutta Ditfurth las nun, stehend vor leerem Podium, einige Zitate aus einem taz-Interview von Rainer Langhans aus dem Jahre 1985 (!!!) vor, die sie mit ihren Interpretationen versah, die einzig darauf abzielten, ihn als ‚esoterischen Faschisten' zu charakterisieren. Da keiner der ReferentInnen aufs Podium zurückkam, wurde der Kongress an dieser Stelle abgebrochen." (32)

Unmittelbar nach den „Benno-Ohnesorg-Kongress", an dem er als ehemaliger Basisgruppengenosse an der AG „Aufbruch zum Proletariat" teilgenommen hatte, schloss sich Jürgen Brumm, ein alter Freund und Weggenosse von Schubert aus den späten 1960er Jahren dem TREND-Projekt an.

Nicht nur aufgrund der Erfahrungen mit dem Benno-Ohnesorg-Kongress, sondern auch wegen der anderen Ereignisse des ersten Halbjahres 1997 entwickelte sich in der TREND-Redaktion die Meinung, dass nun der Zeitpunkt gekommen sei, eine erste Zwischenbilanz ihrer eineinhalb jährigen Aktivitäten auf und entlang der Datenautobahn zu erstellen. Dieser Plan musste leider erst einmal beiseitegeschoben werden, denn am 12. Juni 1997 wurden „insgesamt 9 Wohnprojekte, Wohnungen und Druckereien von über 900 Polizeibeamten durchsucht. Es wurden u.a. Computer, Disketten, Publikationen aus dem linksradikalen Spektrum, Adressbücher und persönliche Unterlagen von Menschen beschlagnahmt." (33)

Begründet wurde der polizeiliche Überfall mit der Suche nach den Verantwortlichen für die "redaktionelle Zusammenstellung, Herstellung, dem Druck sowie dem Vertrieb der Zeitschrift INTERIM". Außerdem wurde ihnen der Verdacht der „öffentlichen Belohnung und Billigung von Straftaten" zur Last gelegt. Sozusagen „just in time" erhielt TREND von den „Interim"-Genoss:innen die virtuelle Nummer 425 zur Verbreitung im Internet und zur Einrichtung einer „Soliseite", die ab 13. Juni 1997 bei TREND auf dem Internetserver von BerliNet nun weltweit erreichbar war. Die TAZ schrieb dazu:

„Pünktlich zur Auslieferung der aktuellen Ausgabe ist die Szenezeitschrift Interim nun auch im Internet zu lesen. Die Homepage mit dem Titel "Ein Prinzip kann man nicht verbieten" ist über einen Link der ehemaligen GEW-Zeitschrift trend (http://www.berlinet.de/trend) zu erreichen. In der jüngsten Netzausgabe der „Interim" sind vor allem Beiträge zu den Durchsuchungen der vergangenen Woche sowie Pressebeiträge über die Kriminalisierung der Zeitschrift dokumentiert. Außerdem gibt es den ausführlichen Verfassungsschutzbericht über die „Interim" zu lesen, in dem von einer "Publikation mit einem nahezu institutionellen Charakter" die Rede ist. Von der Redaktion der Netzzeitung wird im Übrigen darauf hingewiesen, dass die Internetausgabe der „Interim" als Ergänzung und nicht als Alternative zur Druckausgabe verstanden wird." (34)

In der Folgezeit erschienen clandestin redigiert, gedruckt und verbreitet in schöner Regelmäßigkeit weitere „Interim"-Ausgaben bis zur Nummer 440 vom 18. Dezember 1997 und ebenfalls für das WWW digitalisiert. Dafür gab es außer der Homepage bei TREND noch sechs weitere Mirrorseiten im WWW. Die „Interim"-Genoss:innen nutzten diese Seiten auch um ihr politisches und publizistisches Selbstverständnis über ihre bisherigen Einflusssphären hinaus verbreiten zu können (35). Nachdem in der TREND-Redaktion die Voraussetzungen geschaffen waren, neben den regelmäßig monatlich erscheinenden Ausgaben mit wöchentlichen Updates auch die zeitnahe Aktualisierung der „Interim-Solipage" redaktionell sicherzustellen, konnte sich die Redaktion ihrer Zwischenbilanz widmen. Denn TREND war seit Mitte 1996 über ein reines Onlinezeitungsprojekt hinausgewachsen und hatte sich nun zu einem strömungsübergreifenden Vernetzungsprojekt entwickelt, wo zum Jahreswechsel 1997/98 mit Unterstützung von TREND auf der BerliNet-Domain folgende Magazine, Projekte und Archive hosteten:

40 Jahre KPD-Verbot (Serie: ca. 20 Texte)
1977 der Polizeistaat in Aktion (25 Texte)
A-Kurier - Anarchistisches Infoblatt aus Bärlin
SOZ - Sozialistische Zeitung
Anares Nord – Vertrieb anarchistischer Bücher
Aufruhr & Revolte (Textarchiv zum 2. Juni 1967)
AurorA Buchvertrieb
BAHAMAS Nr. 21 & 22 & 23 & 24
Benno-Ohnesorg-Kongress – Kongressmaterialien
Chiapas und die Linke. Ein Reader des AStA
der Freien Universität Berlin
Das Kapital im Internet, MEW 23, 24, 25 als
Downloaddateien
Die Linkskurve - das virtuelle Textarchiv
espero - Forum für libertäre Gesellschafts- und
Wirtschaftsordnung
Gotham City - Reader hrg. vom AStA FUB und den
Jungdemokraten/Junge Linke
Initative gegen Studiengebühren / Boykott-Info
Nr. 5 /Okt.1996
INTERIM "Ein Prinzip kann man nicht verbieten!"
Nr. 425 - 440
Kalaschnikow - Waffe der Kritik – Onlineversion

Offenes Kommunistisches Forum / Texte und Termine
Rote Hilfe Rechtshilfetipps bei Übergriffen, Festnahmen und
auf der Wache
Rundbrief antifaschistischer/ antirassistischer
GewerkschafterInnen
Stressfaktor - Berliner Monatskalender für
Subkultur und Politik
Übergänge - ein Projekt stellt sich und seine Zeitschrift vor
Verlag Schwarze Risse / Rote Gasse

Angeregt durch das „Handbuch der Kommunikationsguerilla" (36) erhielt
die Zwischenbilanz die Form einer programmatischen Erklärung, die
Ende September 1997 unter dem Titel „Virtuelle Räume erhalten bzw.
ausbauen" (37) ins Netz gestellt wurde. Zusammengefasst enthielt sie folgende Kernaussagen:

1. Der Begriff der Gegenöffentlichkeit, wie ihn die TREND-Redaktion in Bezug auf das Internet benutzt, entstammt der 68er
Bewegung und wurde von der Redaktion in ihrer „GEW-Zeit"
als Synonym für die Verbreitung unterdrückter Nachrichten
verwendet. Den Begriff der eigenen „proletarischen Öffentlichkeit", wie er von den K-Gruppen der 1970er Jahre verwendet
wurde und das Konzept der „alternativen Öffentlichkeit", wie
es sich in den sozialen Bewegungen der 1980er Jahre entwickelt hatte, sind weder hinreichend noch zutreffend für eine
linke Publizistik im „Kommunikationsraum" Internet. Da die
„politisch und ökonomisch Herrschenden" ihre Kontrolle über
das Internet immer weiter ausbauen, besteht für jedes
„links&radikale" Internet-Projekt die Notwendigkeit, bisher
im Virtuellen besetzte Räume zu erhalten bzw. auszubauen.
Unter diesem Gesichtspunkt ist der Begriff der Gegenöffentlichkeit ein derzeit noch inhaltlich hinreichender.

2. Über die reine Verbreitung von marginalisierten Nachrichten wurde bald hinausgegangen. So wurden virtuelle Textar-
chive wie z.B. zum KPD-Verbot und für den Benno-Ohnesorg-
Kongress aufgebaut. Solche Archive sind „Gedächtnisspeicher", die kostengünstig erstellt werden können. „Damit wird
ausgegrenztes oder totgeschwiegenes Wissen wieder zugänglich gemacht".

3. Die Widerstände gegen die Nutzung des Internets sind z.Z. noch stark verbreitet. „Für eine Linke, die sich in gesellschaftlichen Nischen eingerichtet hat und dabei ihre Dialogfähigkeit verlor, kann das Internet, welches dezentral und ortsungebunden sowie von sogenannten Sachzwängen der Printwelt entkoppelt ist und interaktive Kommunikation möglich macht, aber auch als Herausforderung begriffen werden, ein zeitgenössisches linkes Selbstverständnis zu reformulieren."

4. Im Hinblick auf die „gewaltförmigen Möglichkeiten", die das Internet z.B. für Kinderpornografie oder Anti-Antifa-Seiten bietet, erklärt die TREND-Redaktion, dass sie eine Praxis, die jenseits des Netzes gegen solche Gewalt vorgeht, ausdrücklich unterstützt. Jedoch „Wer "free speech & free visit" ernst nimmt, wird in der weltweiten Netzöffentlichkeit auch faschistische Websites aushalten müssen." Denn: „Die Auseinandersetzung um die Hegemonie im Kommunikationsraum Internet kann letztlich nur jenseits des Netzes geführt werden."

5. Im Vergleich zum Printmedium konnte für TREND festgestellt werden: „Es entstand eine neue Arbeitsteilung und eine vorher nicht vorhandene Hierarchie hinsichtlich des Umgangs mit den aus dem Netz gewonnenen und hineingespeisten Informationen. Dagegen verflachten sich die Hierarchien zwischen ‚trend-LeserInnen' und ‚MacherInnen'. Die Kommunikation entkoppelte sich von festen Terminen und wurde interaktiv."

6. An Stelle der aus bürgerlichen Kreisen stammenden Forderung nach einem „Grundrecht" auf eine eigene Email-Adresse tritt die Redaktion für "open terminals" und Internet-Cafés mit kostenloser und anonymer Nutzung des Internet ein, weil „diese viel eher einem linken Verständnis von freiheitlicher Vergesellschaftung des bürgerlichen Individuums entsprächen als auf Vereinzelung zielende Konzepte des sich per Email-Adresse und Homepage "Ins-Netz-Stellen-Können".

Es sollte sich in den kommenden Jahren zeigen, dass durch allerlei Wendungen und andere bzw. neue Bündnisse diese Essentials teilweise modifiziert oder fallengelassen wurden.

1998 bis 2004 Teil vom Ganzen

> „Wenn irgendein Vorschlag vom Standpunkt des
> Ganzen unausführbar ist, muss sich der Teil dem
> Ganzen fügen. Ebenso verhält es sich im umgekehr-
> ten Fall: Wenn er für den Teil unausführbar, für
> das Ganze aber ausführbar ist, auch da muss sich
> der Teil dem Ganzen fügen."
>
> *Mao Tsetung (1)*

Zum Jahreswechsel 1997/98 wurden zusammen mit TREND über zwanzig
Projekte und Initiativen bei BerliNet gehostet. Die Redaktion nahm dies
zum Anlass, um einen konkreten Vorschlag für ein Vernetzungsprojekt zu
entwickeln und diesen zur Diskussion zu stellen. Für diesen Zweck waren
auch Recherchen im Hinblick auf die Internetanbindung des Berlinet-Ver-
eins und die Serverleistung für eine Plattform dieser Größenordnung
durchzuführen. Dabei stellte die Redaktion zufällig fest, dass die „Junge
Presse Berlin" nicht – wie behauptet – auf dem BerliNet-Server gespei-
chert war, sondern von dort nur zu einem Server in Landshut geroutet
wurde, wo sich ihre Webseiten befanden. Dabei fand die Redaktion heraus,
dass als Administrator dieses Servers der Bundesgrenzschutz eingetragen
war. Sie wandten sich daraufhin mit einer entsprechenden Nachfrage an
den BerliNet-Verein (2).

Am 28. Januar 1998 erhielt TREND-Redakteur Schubert nachts einen
Anruf von dem Inhaber der IT-Firma IMU. der sich ihm als „stellvertre-
tender Vereinsvorsitzender" des „Berlinet e.V." vorstellte, um ihm kurz
und bündig die erfolgte Löschung der TREND Onlinezeitung und der mit
ihr vernetzten Projekte vom Berlinet-Server mitzuteilen. Am 5. Februar
1998 berichtete darüber die „Jungle World":

„Am 28. Januar 1998 um 22.20 Uhr war trend plötzlich nicht mehr
trendy. Mit ein paar Handgriffen ließ Andreas Baumann von der
Firma IMU die linksradikale online-Zeitung aus dem Internet verschwinden - ohne Begründung und entgegen der seit Juni 1996 laufenden Vereinbarung mit dem Internetprovider BerliNet. Die Firma
IMU hatte am 16. Januar den Betrieb von BerliNet übernommen.
Inzwischen ist trend wieder da, fristet aber seine flüchtige Existenz in
einem anderen Winkel des Cyberspace. Zwar führte der Eingriff von

Herrn Baumann ‚zu unwiederbringbarer Zerstörung geistigen Eigentums‘, wie die trend-Redaktion in einer Presseerklärung mitteilte. Doch wesentliche Teile waren noch auf heimischen Festplatten zu finden und sind nun unter … geparkt. Dagegen sind alle anderen Magazine, Projekte und Archive, die bisher über trend abrufbar waren, vorerst für den interessierten Internetsurfer unerreichbar. Darunter das einzige Werkzeug zur Kapitalismusanalyse auf der Höhe der Zeit: Alle drei Bände ‚Kapital‘ zum Downloaden.“ (3)

Eckpunkte für eine linke Internet-Plattform

Ab diesem Zeitpunkt war der BerliNet-Verein für die TREND-Redaktion absolut keine Option mehr für eine Internetplattform zur Vernetzung „links&radikaler“ Politik. Von daher verzichtete die Redaktion darauf, ihre vertraglichen „User:innen-Rechte“ gegen den Berlinet-Verein gerichtlich durchzusetzen. In der Übergangszeit bis zur Einrichtung einer eigenen Domain bei einem seriösen Internetprovider gab es mehrere „Solipages“ u.a. von der Gruppe „Graswurzelrevolution“ und vom damaligen Provider von „terraconnect.de“, sowie eine Homepage bei „snafu.de“, die TREND-Leser:innen für die Onlinezeitung eingerichtet hatten.

Im Februar und März 1998 fanden mehrere Gesprächsrunden der TREND-Redaktion mit an Vernetzung interessierten Projekten und Einzelpersonen statt. Beim Zusammentreffen am 3. März 1998 wurde ein Thesenpapier angenommen, in dem politische und rechtliche Grundsätze für eine gemeinsame Internetplattform unter dem provisorischen Namen „Linkskurve“ (4) benannt wurden. Zentrale Punkte lauteten:

„Daher ist es eine Hauptaufgabe der ‚Linkskurve‘, Veröffentlichungsplattform für ‚links&radikale‘ Projekte und Einzelpersonen im Internet zu sein. D.h. die Linkskurve generiert nicht in erster Linie selber Informationen, sondern setzt bestehende Informationsströme neu zusammen, bündelt sie, bereitet sie neu auf. Dabei wird es auch darum gehen, Formen von virtueller Interaktivität zu entwickeln, die im Hinblick auf gesellschaftliche Räume jenseits des Webs vernetzend wirken. ‚Linkskurve‘ kann von daher weder ein hierarchisch gegliedertes Informationssystem sein, noch als technischer Zugangsanbieter fürs Internet auftreten. ‚Linkskurve‘ wird nie fertig. Das Projekt ist beständig im Fluß. Es ist ein nicht-kommerzieller Teil eines öffentlichen Raumes. Es herrscht FREE SPEECH und FREE VISIT. Ihre Mitglieder verstehen sich als virtuelle Gemeinschaft … Weil sich das Selbstorganisationskonzept nur ermöglichen lässt auf der Grundlage eines Zugangs zum Internet im Rahmen einer Rechtsform, für die eine Einzelperson oder Körperschaft die Verantwortung übernimmt, muss es darauf ankommen diese rechtliche Verantwortung so in das Selbstorganisationskonzept zu integrieren, dass im Konfliktfall sich das rechtliche Konstrukt nicht gegen das Konzept ausspielen lässt ... Die Mitglieder gestalten und verwalten ihre Webpräsenz (Subdomain) selbständig und eigenverantwortlich. Für die Teilnahme an der ‚Linkskurve‘ ist es wünschenswert, woanders (mit dem gleichen oder anderen Datenmaterial) auch noch webpräsent zu sein (die Mirrorsite ist ein Muss) ... Alle Mitglieder verpflichten sich zu gegenseitiger Solidarität bei Zensur und Providerwillkür. Jedes Mitglied kann jeder Zeit ein weiteres aufnehmen. Eine Abstimmung erfolgt nicht. Die ‚Linkskurve‘ ist ein nichtkommerzielles Projekt, das kostendeckend arbeitet.“

Durch dieses Konzept fühlte sich Bettina Schöttler, eine TREND-Leserin der ersten Stunde, politisch angesprochen und schloss sich dem Vorhaben an, um an der Einrichtung einer linken Vernetzungsplattform im Internet mitarbeiten zu können. Sie hatte ihre Wurzeln in der autonomen Hausbesetzer:innenbewegung der 1980er Jahre und erweiterte damit das politisch-ideologische Spektrum der Redaktion deutlich.

Ende März waren die Vorbereitungen soweit fortgeschritten, dass TREND-Redakteur Günter Langer in der TAZ vom 11. April 1998 verlautbaren konnte, dass ein Provider für die geplante strömungsübergreifende Internetplattform gefunden wurde und die Domain den Namen PARTISAN.net erhalten wird – die Abkürzung für:

PROJEKTE ARCHIVE RADIKALER THEORIE
INFO-SYSTEM ALTERNATIVER NACHRICHTEN.

Ziel der Plattform werde es sein, „eine gleichberechtigte und selbstverantwortliche Teilnahme bei der Fahrt auf der internationalen Datenautobahn“ besonders für die Projekte zu gewährleisten, die zusammen mit TREND bei „Berlinet“ rausgeflogen waren (5).

Nicht alle Projekte, mit denen TREND dort vernetzt war, teilten das „PARTISAN-Konzept“. Ausgehend von der Tatsache, dass im Kapitalismus politische Freiheit durch ökonomische Macht beschränkt wird und diese Schranken im Interesse des Kapitals durch den Staat errichtet und kontrolliert werden, muss mit vorauseilendem Providergehorsam und willfährigem Erfüllen staatlicher Repressionen gerechnet werden. Dies könnte, so ihre Meinung, auch nicht durch Selbstorganisation unterlaufen werden. Unbeschadet dessen war am 4. Juni 1998 in der TAZ zu lesen:

„Da sind sie wieder: Das Online- Magazin Trend, das Anfang des Jahres wegen eines Konflikts mit seinem Provider offline ging, hat eine neue Adresse: www.partisan.net. Das gaben Mitglieder des Netzkollektivs am Pfingstwochenende bei der Volksuni 98 in Berlin bekannt. Die neue Site soll eine Sammelstelle für linke Zeitschriften sein, die ‚ihre Webpräsenz Provider unabhängig selbst organisieren‘ wollen. Zurzeit sind außer Trend auch die Homepages von Espero, Stressfaktor, des Revolutionären Funken und des ID-Archivs zu finden.“ (6)

Vom Scheitern einer kollektiven Internetpräsenz

Der Weg der Selbstorganisierung, den das PARTISAN-Projekt beschreiten wollte, sollte sich schwieriger erweisen als vermutet. Um die Entwicklung von funktionstüchtigen und auch rechtlich tragfähigen Strukturen begann nun ein Ringen um Konzepte zwischen den Beteiligten, das schlussendlich in Formalien sein Ende fand.

Für die von der IT-Firma Comdesign gehostete PARTISAN-Domain wurden Bettina Schöttler als „Registrant“ und Karl-Heinz Schubert als „Administrative Contact“ eingetragen. Die Beiden bildeten zusammen mit zwei weiteren „Partisan:innen“ eine GBR, um damit das Partisan.net zu verwalten und die Geschäftsführung zukünftig an einen Verein als politischen Entscheidungsträger zu binden. Den Vorschlag der beiden anderen Partisan:innen, die GBR stattdessen perspektivisch in eine Genossenschaft zu überführen, lehnten Schöttler und Schubert ab. Nachdem am 15. Dezember 1998 auf einem „Partisan-Plenum“ beschlossen wurde, einen PARTISAN-Verein in Gründung zu bilden, schieden die beiden anderen aus der GBR aus. Zum Vorsitzenden des Gründungsvereins wurde Erhard Kleps von der TREND-Redaktion gewählt.

Ab 1999 zog die Kontaktadresse in die „Schwarzen Risse“ um, einem Buchladen im Kreuzberger „Mehringhof“. In diesem alternativen Kulturzentrum hatten schon vorher der „Partisan:innen Jourfix“ und das „Partisan.net-Webmaster-Treffen“ stattgefunden. Seit Anfang des Jahres gab es als weitere Neuerung im Partisan.net die virtuelle Wandzeitung (7). Sie wurde als ein Beitrag zur Schaffung von Gegenöffentlichkeit im Internet konzipiert. Denn Leute, die sich politisch aktiv betätigen, sollten Verarbeitung und Verbreitung ihrer Informationen nicht einfach der bürgerlichen Presse überlassen, sondern diese Nachrichten selber erstellen und verbreiten. Dieses Konzept erscheint im Rückblick wie ein Vorbote für die im November 1999 ins Leben gerufene Veröffentlichungsplattform „Indymedia", deren deutscher Ableger erst Anfang 2001 an den Start ging.

Im Frühjahr 1999 musste sich die Redaktion einer großen journalistischen Herausforderung stellen: Am 24. März 1999 um 19:57 Uhr schlugen die ersten Cruise Missile in Belgrad und Pristina ein. Im Einsatz waren deutsche Tornados, amerikanische F16-Kampfjets und B2 Tarnkappenbomber. Durch diesen Krieg sollte angeblich ein Völkermord verhindert werden. Legitimiert wurde dieser ohne UN-Mandat von der NATO geführte Militäreinsatz durch das „Massaker von Račak", das am 15. Januar 1999 an über 40 Opfern verübt, nie restlos aufgeklärt werden konnte (8). Für die deutsche Kriegsbeteiligung zeichnete die rot-grüne Bundesregierung verantwortlich. Am 20. Juni 1999 unterwarf sich Serbien dem NATO-Diktat und zog seine Truppen aus dem Kosovo vollständig zurück. Im Gegenzug stellte die NATO ihre Luftangriffe ein.

In diesen drei Monaten gerieten die Bemühungen der TREND-Redaktion für eine basisdemokratisch organisierte Partisan.net-Website in den Hintergrund, denn die Redaktionsarbeit konzentrierte sich vollständig auf die „KOSOVO-Antikriegsseite". Dort wurden nicht nur täglich aktualisierte Termine der Friedensbewegung bekanntgegeben, sondern auch auf etwa 50 „links&radikale" Internetseiten und deren Antikriegsaktivitäten verwiesen. Des Weiteren entstand ein Archiv mit rund 330 Beiträgen, bestehend aus Texten, die bei TREND täglich zum Kosovo-Krieg veröffentlicht worden waren. Außerdem wurden exklusiv „Dokumente der Kriegstreiberei" veröffentlicht (9). Diese journalistischen Erfahrungen bildeten übrigens in den folgenden Jahren für TREND die Grundlage, um anlassbezogen gesammelte Berichte über soziale Bewegungen in einzelnen Ländern zu veröffentlichen (10).

Im Juni sollte das „Partisan-Konzept" einer Prüfung seiner politischen Tragfähigkeit unterworfen werden: Bernd Rabehl, einst ein wichtiger SDS-Theoretiker der 1968er Bewegung, erlebte nach dem Benno-Ohnesorg-Kongress ein rassistisch-völkisches Coming-Out (11). Die „Kalaschnikow-Leute", die teilweise bei ihm studierten, schlossen sich dieser Wendung nach rechts an und publizierten Rabehls neueste Ergüsse nicht nur in ihrer Zeitung, sondern vor allem virtuell auf ihrer Kalaschnikow-Homepage, die Teil des Partisan.net war (12). Als Teil eines antifaschistischen und antirassistischen Partisan.net-Ganzen wollten sie dort gezielt rechtes Gedankengut verbreiten, um sukzessive eine politische Wende im

Partisan.net herbeizuführen. Schöttler und Schubert reagierten sofort und kündigten den Kalaschnikow-Account zum 31. Juli 1999.

Postwendend rief die Kalaschnikow-Gruppe zu einer Mitgliederversammlung des Partisan-Gründungsvereins auf, um auf diesem Wege das Partisan.net übernehmen und die Kündigung stornieren zu können. Diese Zusammenkunft fand jedoch ohne den Gründungsvorsitzenden statt, der dazu auch nicht eingeladen hatte. Denn er hatte zuvor sein Amt niedergelegt. Das Treffen brachte nichts zustande, außer die Gründung des Vereins zu beenden. Was diese rechten Kräfte letztlich nicht schmerzte, denn als Ersatz stand für die „Kalaschnikow" bereits eine eigene Domain namens „Revolte.net" bereit. Dazu erschien bei TREND im September 1999 eine Einschätzung, die das „Revolte.net" politisch entsprechend einordnete (13). Um die Löschung dieses Textes zu erzwingen, reichte am 25. November 1999 der Revolte.net-Verantwortliche eine einstweilige Verfügung beim Amtsgericht gegen das Partisan.net ein. Dagegen beantragte Karl-Heinz Schubert als Partisan.net-Administrator beim Landgericht Berlin die Aufhebung der Verfügung, der am 25. Januar 2000 stattgegeben wurde.

Nachdem das Experiment mit den basisdemokratischen Strukturen gescheitert war, löste sich zum Jahresende 1999 die GBR auf. Dadurch verblieb die Verfügungsgewalt über das Partisan.net bei Schöttler als „Registrant" und Schubert als „Admin". Diese Änderungen wurden genutzt, um in klärenden Gesprächen unter den Partisan:innen webtechnische Regelungen zu finden, die im Ergebnis von allen Partisan:innen akzeptiert werden konnten:

„Alle Projekte werden ab 1.1.2000 wie der trend über eigenen Webspace verfügen, der rein eigenverantwortlich verwaltet wird. Partisan.net wird dann nur noch ein redirecteter Zusammenschluss sein, d.h. Projekte oder Einzelpersonen benutzen mit eigener Technix das Partisan.net nur noch als politisches Label. Zusammenarbeit ‚im wirklichen Leben' ergibt sich zukünftig nicht mehr wie bisher aus monatlichen Meetings zur Besprechung webtechnischer Fragen, sondern es kommen die Leute zusammen, die praktisch politisch miteinander arbeiten und diskutieren wollen." (14)

So blieben alle bisherigen Partisan-Projekte trotz ihrer relativen Autonomie ein Teil vom Ganzen, wobei die TREND-Redaktion, vertreten durch Schöttler und Schubert, als deren webtechnische Kontaktstelle fungierte und sich um die finanzielle Absicherung kümmerte.

TREND als politischer Motor von Partisan.net

Während der eineinhalb Jahre des Ringens um eine selbstorganisierte Partisan.net-Struktur hatten sowohl die Weiterentwicklung des publizistischen Konzepts der Onlinezeitung als auch das politische Selbstverständnis der Redaktion deutlich gelitten. Was in dieser Zeit journalistisch im Wesentlichen geleistet werden konnte, waren Info-Remix und Artikel-Sampling. Die Redaktion glich in ihrer Arbeitsweise eher einem „Zentralrat der umherschweifenden Haschrebellen" als einem planvoll arbeitenden Kollektiv.

Hier mögen relevante Gründe zu suchen sein, die Erhard Kleps bewogen, nach der Niederlegung seines Amtes als Vorsitzender des Partisan-Gründungsvereins zum 1. Januar 2000 auch aus der TREND-Redaktion auszuscheiden. Denn sein Interesse galt immer einem inhaltlich anspruchsvollen linken Journalismus und der lag – seit dem Rausschmiss bei „BerliNet" permanent überlagert von Org-Fragen – ziemlich am Boden. Kleps setzte nach seinem Ausscheiden die bei TREND zusammen mit Schubert begonnene Chronik der DDR 1989/90 erfolgreich auf seiner eigenen Website fort (15). Mit seinem Weggang verschoben sich leider auch die politischen Gewichte innerhalb der Reaktion.

Jürgen Brumm, Rolf-Dieter Missbach und Karl-Heinz Schubert verkörperten den „Old-School-Marxismus" und hatten bereits ab der TREND-Januarausgabe 1999 dafür gesorgt, dass zwei ständige Rubriken für „Texte zur Geschichte und Ökonomie" eingerichtet wurden. Währenddessen begann sich Günter Langer mehr und mehr auf seine „SDS-Website" zu konzentrieren. Angelika Schöttler sowie Detlev Kretschmann nahmen nur noch sporadisch an der Redaktionsarbeit teil. Diese Veränderungen begünstigten etwa ab 2000, dass es durch die deutliche Zunahme von Konfliktlinien in den postautonomen Spektren zu einer redaktionell wenig reflektierten Textauswahl für die Onlinezeitung kam. Dies betraf besonders die ideologischen Streitereien zwischen „Postautonomen" und „Antideutschen" aus dem Spektrum des Polit-Magazins „Bahamas". Redaktionell wenig kommentiert wurden die Beiträge nur nach Themen sortiert und strömungsübergreifend zusammengefasst, damit die Leser:innen wenigstens die Möglichkeit hatten, ohne zeitraubendes Surfen im WWW einen schnellen Überblick über den jeweiligen Debattenstand zu bekommen (16). Missbach und Schubert konzentrierten sich neben den redaktionellen Routinearbeiten auf die Geschichte der Arbeiter:innenbewegung, wodurch in der Redaktion linkskommunistische Texte bisweilen den Vorzug erhielten (17). Jürgen Brumm übernahm schwerpunktmäßig den Bereich Philosophie und Ideologiekritik und kümmerte sich um verschiedene ambivalente Theoriestränge des sogenannten westlichen Marxismus

In der Maiausgabe 2000 erschien ein investigativer Beitrag mit dem Titel „Revolte.net. Wer oder was steht dahinter und warum?" (18), der sich erneut mit der Förderung rechten Gedankenguts im linken Gewand befasste (18). Die „Interim", das zentrale Verlautbarungsmagazin des postautonomen Spektrums, druckte diesen Artikel sofort in ihrer Nr. 502 nach. Der darin erwähnte Anwalt fühlte sich politisch ehrverletzt und begann gegen Schubert ein Klageverfahren, das er fast zwei Jahre später am 26. April 2002 beim Kammergericht Berlin verlor. Am Ende belief sich der Streitwert dabei ohne Anwaltskosten auf 16.500,00 Euro. Aufgrund dieser anfangs nicht vorhersehbaren Kostenexplosion beschloss die TREND-Redaktion, Schubert vorerst aus der presserechtlichen Schusslinie zu nehmen. Günter Langer wurde deshalb vorläufig als Administrator des Partisan.net eingesetzt. Er sollte später diese Funktion nutzen, um die Domain „Partisan.net" zu zerstören.

In der TREND 7/8-2000 wurde die Rubrik „Das besondere Dokument" aufgenommen und bis zur letzten Ausgabe 2021 beibehalten. Für die Auswahl der Beiträge gab es keine besonderen Kriterien, sondern die jeweils wechselnde Endredaktion entschied, welche Texte dazugehören sollten. 2001 zum 5. Jahrestag des Erscheinens von TREND veröffentlichte der Medienwissenschaftler Tilman Baumgärtel einen längeren Artikel in der Berliner Zeitung, in dem es anerkennend hieß:

„Aber nicht nur in der deutschen Linken war ‚Trend' Pionier. Große Teile der bürgerlichen Presse waren noch nicht am Netz, als die Berliner Redaktion zunächst auf dem Server des Onlinedienstes Compuserve begann, Beiträge zur politischen Debatte zu veröffentlichen. Bis heute versteht sich das Internet-Magazin als ein ‚Reader's Digest' der Linken. Mit den umfangreichen Quellensammlungen zu Themen wie dem 1. Mai, 1968 oder Gewerkschaften, die sie angelegt haben, wird heute an Universitäten gearbeitet." (19)

Außerdem wies Baumgärtel in seinem Artikel darauf hin, dass TREND ab März 2001 einen regelmäßigen politischen Salon organisieren werde, dessen „Nachtgespräche" auf der Subdomain FORUM von Partisan.net angekündigt und dort auch diskutiert werden können. Das Forum bewarb bis zum März 2003 insgesamt acht sogenannte „Nachtgespräche". Darunter mit Peter Nowak über das Gefängnissystem und den Gefangenenwiderstand in der Türkei als internationalistisches Thema oder mit der FAU-Berlin zu Grundfragen des gewerkschaftlichen Kampfes.

Dies waren Abende, die immer kontrovers-solidarisch verliefen. Sogar der mit den „Antideutschen Kommunisten Berlin", womit der Nachweis erbracht schien, dass mithilfe des Netzes Kommunikationsstrukturen entstehen können, die zur Überwindung des „links&radikalen" Sektenwesens in der BRD beitragen. Ergänzend dazu war bei YAHOO eine Newsgruppe mit dem Namen „Infopartisan" eingerichtet worden. Der dort stattfindende rege Austausch von Meinungen und Nachrichten führte kurze Zeit später zur Einrichtung der ständigen Nachrichtenseite „Infopartisan". Im März 2001 stellte Schubert die „Mao Bibel" ins Netz (20) und machte sie als Dokument wieder allgemein zugänglich. Bald darauf übergab Hinfei Tsin die von ihm und einer Arbeitsgruppe des Verlags Neuer Weg digitalisierte deutschsprachige Auswahl der Werke von Mao Tsetung dem Partisan.net zur online Veröffentlichung (21)

Durch die regelmäßige Präsenz im Kreuzberger Mehringhof in Form von User:innen-Treffen und politischen Veranstaltungen, aber auch durch die postalische Anbindung an den Buchladen „Schwarze Risse" entstanden Kontakte zur Initiative „Linke Buchtage Berlin". Sie plante für Mai 2002 im Mehringhof erstmalig eine Buchmesse mit einem dreitägigen Programm zu organisieren. Dazu wurde dem Partisan.net die Internet-Ankündigung inklusive der Programmvorschau übertragen. Dies erwies sich für sie als so nutzbringend, dass auch 2003 die virtuelle PR-Arbeit wieder auf die „Partisan:innen" übertragen wurde (22).

Zu dieser Zeit bestand das Bündnis der „Partisan:innen aus 25 Projekten, ergänzt durch 21 Archive (23). Die TREND-Redaktion war dabei nicht nur politischer Motor, sondern als technische Kontaktstelle war sie faktisch zu einem „Dienstleister" geworden, der nicht nur für das Funktionieren der Webtechnik zuständig war, sondern sich auch um die kommunikativen Strukturen kümmerte. So blieben die Widersprüche zwischen den politischen Ansichten der Redaktionsmehrheit und den von Günter Langer vertretenen anti-islamistischen und US-imperialistischen Positionen „antideutscher" Prägung ungelöst liegen, während er seine politischen Ansichten über die „SDS-Website" (24) unbehelligt weiterverbreiten konnte. Diese Seite war von ihm ursprünglich für die nostalgische Selbstbeweihräucherung eines Personenkreises eingerichtet worden, der 1968 einen sich selbst genügenden libertären Flügel im SDS um Rainer Langhans gebildet hatte.

Nachdem am 11. September 2001 die Gruppe Al-Qaida mit gekaperten Flugzeugen in den USA zivile und militärische Gebäude angegriffen und zerstört hatten, wurde die „SDS-Website" für Langer zum Mittel schlechthin, um für seine politischen Ansichten zu werben, die er zusehends mit antideutschen Argumentationsfiguren und bürgerlich-feministischer Gesellschaftskritik verschwurbelte. Auch benutzte er die Forum-Seite des Partisan.net, um dort ohne entsprechende redaktionelle Vorabsprachen politische Gesprächsrunden wie z.b. „Der ultimative Antiimperialismus" am 15. Februar 2002 unter dem linken Label von Partisan.net zu bewerben. Für diese Veranstaltung gelang es ihm und dann nie wieder Schubert als Moderator einzuspannen. (25)

Das Ende von Partisan.net

Im Zusammenhang mit dem im März 2003 erfolgten militärischen Überfall der USA auf den Irak (26) veröffentlichte Langer mit dem Argument einer strömungsübergreifenden Berichterstattung eine Erklärung zum Irak-Krieg, die von der „antideutschen" Bahamas-Redaktion der TREND Onlinezeitung zugesandt worden war. Darin beglückwünschten die „Antideutschen" die USA und deren Verbündete zu ihrem imperialistischen Überfall!! Zur politischen Entlastung von diesem Fehler schaffte es die Endredaktion gerade noch, diesem Text die Headline „antideutsche Geisterbahn" zu verpassen (27) und sich den kritischen Anmerkungen von Holger Schatz kommentierend anzuschließen:

> „Kurz & Co bestimmen zu recht, dass die politischen Positionen der "Antideutschen" und der "Antiimps" eine mit den Denkschemata der Vergangenheit. Diese sich ansonsten bis aufs Messer bekämpfenden Flügel der radikalen Linken sperren sich daher gegen eine durch die Kritik der politischen Ökonomie fundamentierte Analyse des transnationalen Kapitalismus und seiner Krisenerscheinungen zum Zwecke seiner Aufhebung. Da sie die Debatten der Linken - wie auch im aktuellen Fall die Bewertung des Irak-Krieges - dominieren, tragen sie maßgeblich dazu bei, dass die Linke theoretisch völlig unbeleckt daherkommt. Dieser Zustand muss überwunden werden. We will do our best!" (28)

Für Langer war diese Intervention nur ein weiterer Schritt auf dem Weg der Zerstörung der linken Strukturen von TREND und dem Partisan.net-Projekt. Ideologisch war er mittlerweile längst wieder in sein gewerkschaftliches Beamtenmilieu zurückgekehrt, wo er zum Redakteur der „Berliner Lehrerzeitung (BLZ)" aufgestiegen war.

Etwa vier Wochen nach dem „Kopftuchurteil" des Bundesverfassungsgerichts (29) konfrontierte er Ende Oktober 2003 die Redaktion mit einem Beitrag, der den provokativen Titel „Osama ante Portas" (30) trug. Aufgrund fehlender politischer Leitplanken in der Redaktion konnte Langer ihn ohne faktische Widerstände in der TREND-Novemberausgabe 2003 veröffentlichen. Er ließ ihn übrigens zeitgleich in der „BLZ" abdrucken. Die TREND-Redaktionsmehrheit reagierte durch eine entsprechende Kommentierung im Editorial. Damit machte sie die unüberbrückbaren Widersprüche zwischen Günter Langer und der Redaktionsmehrheit öffentlich:

„Spätestens seit dem 11. September 2001 haben nicht wenige unter den Linken den Kampf gegen den Islamismus als politisches Betätigungsfeld entdeckt und schaffen damit Schnittstellen zu einem ‚differentiellen Rassismus' (Balibar), der in der Vermischung ‚höherstehender' Kulturen mit ‚barbarischen' vom ‚geistigen Tod' der ‚höherstehenden' ausgeht - also im vorliegenden Fall vom Untergang des Abendlandes durch Osama Bin Ladens ‚Kreuzzügler', die eben nicht nur mit der Waffe in der Hand sondern – hinterhältig wie die Fehresta Ludin – auch mit dem ‚Kopftuch als Kampfmittel' arbeiten. Zu dieser Fraktion der Linken gehört Günter Langer, dessen Artikel wir auf seinen Wunsch hin in der Nr. 11-03 veröffentlichen. … Durch diesen Paradigmenwechsel auf Seiten der Linken droht heute, antirassistische Politik, wo sie denn noch stattfindet, im notwendigen Kampf gegen den Antisemitismus aufzugehen oder/und als Anti-Islamismus zum verlängerten Arm des herrschenden politischen Personals zu mutieren." (31)

Was die Redaktion allerdings nicht wusste: Es handelte sich bei Langers Artikel um den Opener für seine in Planung befindliche rassistische Kampagne zur Neuregulierung der Zuwanderung von „islamischen" Migrant:innen in die BRD, die er sich zusammen mit Halina Bendkowski(32) und Helke Sander(33) ausgedacht hatte. Bendkowski erzählte Jahre später in einem Interview Folgendes über die Entstehungsgeschichte von „Becklash" – so der Kampagnentitel:

„Ich kannte ihn und Helke Sander aus meiner Beschäftigung mit 1968 und den 1968er/inne/n. Deshalb trafen wir uns häufiger. Und Günter Langer erzählte uns bei diesen Treffen häufig – schon vor der Aktion von Marieluise Beck und anderen – wie es in den Schulen aussieht, wie kompliziert es in den Schulen ist: Wie hilflos sich die Lehrer/innen den Eltern gegenüber fühlen, vor allem den Vätern von türkischen Mädchen gegenüber, wie viele resigniert sind angesichts der Anmaßung vieler Väter von islamischen Mädchen. Und es gibt keine Unterstützung für Lehrer/innen vom Senat, noch gibt es eine Debatte darüber, dass immer mehr Mädchen verschwinden, nach den Ferien nicht zurückkommen.… Als ich dann mit Helke Sander und Günter Langer über die Kopftuchaktion von Beck u.a. gesprochen habe, waren sie gleich auf meiner Seite, besonders Günter Langer auf Grund seiner eigenen Erfahrungen im ›Berlin-Kolleg‹. Dann haben wir uns überlegt, dass wir eine Initiative starten. Wortspiel ›Becklash‹ war Helke Sanders Idee. " (34)

Mit der „Kopftuchaktion meinte Bendkowski eine Kundgebung gegen eine ausgrenzungspolitische „Lex Kopftuch", die am 1. Dezember 2003 am Brandenburger Tor stattgefunden hatte. Diese war von Marieluise Beck organisiert worden, die damals als „Beauftragte der Bundesregierung für Ausländerfragen" fungierte. Als Bendkowski von dieser Aktion erfuhr, sei ihr „im wahrsten Sinne des Wortes die Galle hochgekommen".

Am 17. Dezember 2003 erfolgte die Bekanntmachung der „Becklash-Kampagne" in der Form eines offenen Briefes an Marieluise Beck auf der SDS-Website (35). Als Schubert Anfang Januar 2004 davon erfuhr, ließ er Langer wissen, dass er ihn dringend sprechen müsse, weil die „Becklash-Kampagne" nicht länger über Partisan.net verbreitet werden könne, da sie politisch explizit gegen die sozial-emanzipatorischen Ziele von Partisan.net gerichtet ist. Langer lehnte ein derartiges Gespräch strikt ab. Der Aufforderung, seine Werbung für diese Kampagne bei Partisan.net zu entfernen, kam er selbstverständlich auch nicht nach. Postwendend erhielt Langer für seine rassistische, „Becklash-Kampagne" weitere eindeutige Missbilligungen von Partisan.net-Projekten:

> **Bernhard Schmid:** „Ich war und bin strikt gegen die Aktion, welche die "Becklash"-Initiative vorschlägt, da m.E. die Verknüpfung der Frage der Frauenrechte (ein Anliegen, das ich teile) mit der Frage des Aufenthaltsrechts (dessen ‚Versagung'

m.E. illegitim ist, zumal Linke sich dabei an den Staat anhängen) hoch problematisch ist. Das bedeutet nicht, dass ich gegen das erklärte Grundanliegen wäre - jedenfalls sofern es nicht nur als Aufhänger dient, um Linken ein gutes Gewissen zu geben, wenn sie die schöne zivilisierte BRD von barbarischen Ausländern reinhalten wollen." (36)

Max Brym: „Jede Zwangsmaßnahme gegen das Kopftuch ist negativ, sie bestärkt tradierte politische Reaktion, schaltet die Frauen als Entscheidungsträger aus und ist daher vergleichbar mit der islamistischen Männergewalt, die vielen Frauen den Schleier aufzwingt. Verbots- und Zwangsmaßnahmen gegen das Kopftuch im ‚christlichen Abendland' nützen der Hamas und Bin Laden." (37)

Initiative gegen das Chipkartensystem: „Eine emanzipative Politik muss sich gerade der möglichen gegenseitigen Instrumentalisierungen bewusst sein, um dem Ausspielen der verschiedenen ausgebeuteten Gruppen entschieden entgegen treten zu können. Patriarchale Gewalt kann nicht ohne gesellschaftlichen Zusammenhang und Kontext erklärt und/oder verändert werden, eine Reduzierung der Erklärungsmuster spielt denen in die Hände, die von der Gewalt profitieren. Wir wissen nicht, warum die VerfasserInnen und UnterstützerInnen diesen ‚offenen Brief' in der Form veröffentlich haben." (38)

Antifaschistische Gruppen im Prenzlauer Berg: „Dem SDS scheint, was er selbst thematisiert, nicht aufgefallen zu sein. Bestehende deutsche Gesetze würden durchaus ausreichen um die in ‚becklash' thematisierten Verbrechen gegen die Freizügigkeit und körperliche Unversehrtheit von Frauen und Mädchen zu verfolgen. Erinnert sei hier nur an die allgemeine Schulpflicht und die einschlägigen Gesetze zu Freiheitsberaubung und Körperverletzung. Da es diesem Staat der Gleichstellung von Mann und Frau jedoch am ansonsten durchaus vorhandenen Verfolgungswillen zu fehlen scheint, zieht der SDS, staatsgläubig und autoritär orientiert, den Trugschluß, dass in einem solchen Fall eben mehr, neue, repressivere Sondergesetze hermüssten." (39)

Auf diese Stellungnahmen reagierte Langer als kommissarischer „Admin" des Partisan.net mit der Androhung der Löschung der Webseiten seiner Kritiker:innen in der Hoffnung sie damit zu zwingen, sich von ihrer Kritik zu distanzieren. „Indymedia" und „X-Berg" berichteten über diese Vorkommnisse und kommentierten, dass jetzt das „Partisan-Projekt" wohl auf dem Weg sei, sich „in einen offenen Querfront-Server" zu verwandeln (40). Mit dieser Drohung war für Schubert der Rubikon überschritten. Am 26. Februar 2004 schloss er die SDS-Website und löschte damit die „Becklash-Kampagne" auf dem Partisan-Server. Am 1. März 2004 agierte Langer und nahm die komplette Partisan-Domain mithilfe der ihm als Administrator treuhänderisch überlassenen Zugangscodes vom Netz. (41)

24   TAZ BERLIN ❀ FREITAG, 12. MÄRZ 2004

leserInnenbriefe

TAZ, DIE TAGESZEITUNG ■ KOCHSTR 18 ■ 10969 BERLIN
TELEFON: 030 - 25 902-0 ■ FAX: 030 - 59 001 040
E-MAIL: BRIEFE@TAZ.DE ■ INTERNET: WWW.TAZ.DE

Berichtigung

betr.: „Kopftuchdebatte legt Partisanen lahm", taz vom 9. 3. 04
Herr Günter Langer war niemals Inhaber des Partisan.net, noch ist er es heute. Eigentümer ist der Unterzeichner dieses LeserInnenbriefes. Der hier dargestellte Konflikt ist keiner zwischen zwei Partisan.net-Gründern. Mindestens 25 Leute haben das Partisan.net gegründet Allein die Partisan.net GbR als Gründungsgesellschaft umfasste vier Personen, und Herr Langer war kein Mitglied dieser Gesellschaft. Dann gab es den Partisan.net Verein mit ca. 20 Mitgliedern, dem gehörte Herr Langer auch nicht an. Irgendwelche Rechte am Partisan.net hat Herr Langer auch nie besessen oder Verträge gehalten. Im Partisan.net hat er sich *nur* um seine SDS-Seite gekümmert, mehr nicht. Die Zugangsschlüssel zur US-amerikanischen Registrierseite, mit dem er das Partisan.net hinterhältig aus dem Netz geschaltet hat, hatte er treuhänderisch zur Verwahrung erhalten. Der Konflikt ist einer zwischen Herrn Langer und dem Rest des Partisan.net, der halt von mir, da wo der Streit juristische Formen annimmt (Herausgabe der Codes), vertreten werden muss. Außerdem erfolgte die Schließung der von mir finanzierten SDS-Website nicht wegen der Kopftuchfrage, sondern der Hauptgrund war Herrn Langers Missbrauch des Verwalterstatus gegenüber anderen Partisan.net-Projekten. Dies alles kann detailliert im Netz nachgelesen werden unter: www.linkeseite.de/trend.   **KARL-HEINZ SCHUBERT**

2004 bis 2021   In eigener Regie

„Damit ein System historisch überwunden werden kann, muss seine ‚Irrationalität' eine wirkliche gesellschaftliche Dialektik hervorrufen, einen Klassenkampf, der fähig ist, es umzustülpen. Und gerade hier entsteht im Spätkapitalismus etwas prinzipiell Neues. Das ‚integrierte Universum' weist Risse auf, in dem Sinne, dass das System selbst Triebkräfte und Bedürfnisse hervorbringt, die zu befriedigen es weder durch seine aktuelle, noch durch seine mögliche Entwicklung in der Lage ist. Diese Triebkräfte und Bedürfnisse sind zwar nicht die traditionellen, deshalb sind sie aber nicht weniger ‚materiell'."

il manifesto (1)

Obgleich Günter Langer gerichtlich zur Herausgabe der Zugangscodes für die Wiederinbetriebnahme der PARTISAN-Domain juristisch gezwungen werden konnte, entschieden die Redakteure Brumm, Missbach und Schubert, die Domain nicht mehr wieder zu beleben. Für diesen Entscheidungsfindungsprozess ließen sie sich zwei Monatsausgaben Zeit, denn sie konnten dank Jan Rohlfs über dessen Domain „linkeseite.de" im März und April 2004 TREND als „Notausgabe" im Netz verbreiten (2). Auch andere vom Crash betroffene Partisan:innen erhielten von Rohlfs die Möglichkeit auf seiner Domain vorübergehend zu hosten.

Schließlich beschloss die TREND-Redaktion, mit ihrer Onlinezeitung auf der Domain „infopartisan.net" zu erscheinen, für die Karl-Heinz Schubert die Verantwortung übernahm. Für den Domainnamen stand die alte Partisan.net-Nachrichtenseite Pate, was durch die farbliche Gestaltung des Schriftzugs noch unterstrichen wurde. Auf ihr als Portalseite der Domain erschienen ab Mai 2004 bis zur Umwandlung in ein Archiv 2021 täglich wechselnde Nachrichten und Linkempfehlungen (3)(4).

Herausgegeben von Rolf-Dieter Missbach und Karl-Heinz Schubert kehrte TREND gleichzeitig mit dem Start der Domain INFOPARTISAN ins Netz zurück. Zusammen mit Jürgen Brumm bildeten sie das Gerüst für den Aufbau einer neuen Redaktionsstruktur. Dazu kommunizierten sie ihre Pläne und Vorhaben mit den vormaligen Autor:innen und den ehemaligen Projekten von „Partisan.net" und luden diese zur Mitarbeit in einem politischen Beirat ein. Er sollte zukünftig als beratendes Korrektiv für TREND fungieren. Detlev Kretschmann schied aus der Redaktion aus, aber hielt über den Beirat weiterhin Kontakt zur Redaktion. Während sich Bettina Schöttler leider völlig aus der Internetpublizistik zurückzog.

Max Brym, Peter Nowak und Bern(h)ard Schmid, die bei TREND bisher regelmäßig veröffentlicht hatten, blieben weiterhin Stammautor:innen. Andere wie z.b. Robert Schlosser kamen in der Folgezeit für viele Jahre dazu und halfen mit, das politisch-theoretische Image der Onlinezeitung zu formen. Dieses wurde seitdem durch einen kritischen Marxismus geprägt, der von der historischen Prognose einer notwendigen Aufhebung des Kapitalismus durch die Klasse der Lohnarbeiter:innen und Prekären bestimmt ist. Die Onlinezeitung erhielt ab der Maiausgabe 2004 den Untertitel „Hintergründe und Gegenstandpunkte", womit auf einen zentralen Wendepunkt in der politisch-ideologischen Ausrichtung der Onlinezeitung in plakativer Weise hingewiesen wurde.

Hauptsächlich Theorieorgan für linke Politik

Im Hinblick auf diese Schwerpunktverschiebung veröffentlichten die beiden Herausgeber im Editorial der Maiausgabe 2004 erste publizistische Schlussfolgerungen für die Onlinezeitung:

> „Wir wollen die Geschichte der ArbeiterInnenbewegung nicht mehr länger ihren LeichenfledderInnen und DenunziatorInnen überlassen, sondern uns um Texte bemühen, die einen differenzierten Standpunkt bei der Untersuchung der Geschichte der Klassenkämpfe einnehmen … Ein erstes sichtbares Zeichen dieser Veränderung stellt die Einführung des Themenbereiches ‚Betrieb & Gewerkschaft' dar. Hier soll über die aktuellen Klassenkämpfe berichtet werden, wie sie sich an ihrer direkten ökonomischen Nahtstelle abspielen. Wir werden vorwiegend auf Textquellen zurückgreifen, die aus Zusammenhängen stammen, die an dieser Nahtstelle politisch organisiert arbeiten." (5)

Zu diesem Zeitpunkt, als TREND sich explizit zu einem klassenpolitisch ausgerichteten Onlinemagazin zu entwickeln begann, hatte die rotgrüne Bundesregierung mit dem Ab-/Umbau des Sozialstaats begonnen. Das „Vierte Gesetz für moderne Dienstleistungen am Arbeitsmarkt", kurz: „Hartz IV" sollte zum Jahresbeginn 2005 als erster Schritt einer Kette von weiteren Angriffen auf die lohnarbeitende Klasse in Kraft treten. Bereits seit 2003 war klar, dass die SPD dieses Umbaupaket, das für eine neoliberale Wirtschaftspolitik essentiell war, unbedingt durchsetzen wollte. Daraufhin hatten Teile der Klasse begonnen, sogenannte „Montagsdemonstration" zu organisieren, die sich nun bundesweit ausbreiteten und an denen am 30. August 2004 in über 200 Städten mehr als 200.000 Menschen teilnahmen.

Diese Proteste wurden in TREND regelmäßig durch Aufrufe, Beschlüsse und Aktivitäten dokumentiert sowie durch Kommentare begleitet. Die Seitenzugriffszahlen stiegen infolgedessen von Juni bis September 2004 deutlich von 22.808 auf 36.550. Bemerkenswert war, dass die Hälfte der Zugriffe mithilfe von Suchmaschinen erfolgte. Besonders nachgefragt waren aber auch theoretische Beiträge – vor allem von Daniel Dockerill, Werner Imhof und Robert Schlosser (6).

In diesem Zusammenhang ist die bereits für 2004 geplante Veranstaltung mit Robert Schlosser zu nennen, die dann am 8. Januar 2005 im Blauen Salon des Mehringhofs mit mehr als 40 Teilnehmer:innen zu Postones „ Irrtümer bei einer notwendigen Kritik am Traditionsmarxismus" (7) erfolgreich durchgeführt wurde. Sie war sozusagen der herausragende Höhepunkt bei dem Prozess der politischen Profilierung und der Verankerung von „Infopartisan.net" im WWW. Und ja – sie war die erste TREND-Aktivität auf marxistischer Grundlage jenseits des Netzes um in aktuelle Theoriedebatten einzugreifen. Infolgedessen wurden die Kontakte zu Robert Schlosser enger, und er gehörte fortan als virtuelles Mitglied zum politischen Beirat. Ab der Januarausgabe 2005 schrieb er außerdem für die Onlinezeitung in unregelmäßigen Abständen „Trotzigs Kommentare zum Zeitgeschehen" (8).

Im selben Monat schlossen sich aus Gegnerschaft zur arbeiter:innenfeindlichen Politik ihrer Partei oppositionelle Sozialdemokrat:innen zu einer Partei zusammen, der sie den Namen „Arbeit & soziale Gerechtigkeit – Die Wahlalternative (WASG)" gaben. Dabei wurden sie besonders von Zirkeln aus dem trotzkistischen Spektrum unterstützt. In diesem Parteibildungsprozess entstand nach dem Rücktritt der rot-grünen Bundesregierung im September 2005, der Vorschlag sich mit der PDS zu einer gemeinsamen Partei zusammenzuschließen. Diesen Entwicklungsprozess begleitete TREND bis zur Fusion bzw. Gründung der Partei „Die Linke" im Juni 2007 durch die Veröffentlichung einer Vielzahl an Stellungnahmen sowie Texten mit programmatischem Charakter.

Angestoßen durch einen aktuellen Anlass (Kritik am Reprint eines Interim-Artikels) entschied sich die Redaktion in der Februarausgabe 2005, die „Herausgeber-Erklärung" vom Mai 2004 durch eine überarbeitete Fassung abzulösen. Sie spiegelte nicht nur die Entwicklung der redaktionellen Arbeit seit dem TREND-Neustart wider sondern vor allem auch die in solidarischer Weise ablaufende Zusammenarbeit mit dem politischen Beirat und den Autor:innen. Diese Erklärung sollte fortan bis zur letzten Ausgabe unverändert den politischen Kurs der Onlinezeitung TREND bestimmen und wird von daher hier <u>ungekürzt</u> wiedergegeben (9):

1) Wir gehen davon aus, dass der Kommunismus nur durch das bewusste Handeln der assoziierten ProduzentInnen zu erlangen ist. Dies setzt die Kenntnis der aufzuhebenden Gesetzmäßigkeiten des waren- und geldförmigen Kapitalismus durch eben diese ProduzentInnen und eine positive Bestimmung des Verhältnisses von sozialer und individueller Emanzipation voraus.

2) Jene Emanzipation kann sich nur unter den historischen Bedingungen vollziehen, wie sie die handelnden Subjekte selber vorfinden. Die fortschreitende Wertvergesellschaftung zerbrach nicht nur den nationalstaatlich verfassten Sozialismus, sondern lässt mit dem gleichen rasanten Tempo die kapitalistischen Staaten erodieren. Nation und Volk existieren in den spätkapitalistischen Metropolen nur noch als imaginierte Begriffe, deren Begriffsinhalte höchstens noch gesellschaftliche Verhältnisse des 19. und 20. Jahrhunderts widerspiegeln. Mit ihnen ist es nicht mehr möglich, die Verhältnisse des 21. Jahrhunderts, die „zum Tanzen gebracht" werden sollen, zu begreifen. So werden konzeptionelle Überlegungen, die für das politische Handeln der ArbeiterInnenbewegung bisher bestimmend waren, zu Auslaufmodellen. Volk und Nation heute zu theoretischen und praktischen Bezugspunkten für eine soziale Emanzipation in den spätkapitalistischen Metropolen machen zu wollen, ist reaktionär.

3) Unter diesen Voraussetzungen verstehen wir unter Rückbesinnung auf den Marxismus die notwendig gewordene Modernisierung dieses theoretischen Werkzeugkastens. Solch ein Marxismus auf der "Höhe der Zeit" bedeutet freilich auch das Verhältnis von Bruch und Kontinuität im Hinblick auf die ArbeiterInnenbewegung, ihre Strömungen und Flügel solidarisch und nicht denunziatorisch zu entfalten.

4) Die Modernisierung der Marxschen Kritik der politischen Ökonomie kann aber nicht Vereinseitigung und/oder Entsorgung relevanter Teile bedeuten, wie sie vornehmlich von den

WertkritikerInnen und anderen Neo-RevisionistInnen betrieben werden. Statt theoretisch fundierter Einsichten in ökonomische Strukturen und Unterdrückungszusammenhänge zum Zwecke ihrer Aufhebung liefern sie feuilletonistische Beiträge, die mit der ranzigen Message befrachtet werden, so wie bisher kann es nicht weitergehen. Wie es jedoch jenseits des Kapitalismus weitergehen kann/soll, d.h. was der Kommunismus ist und warum es sich "lohnt", sich dafür einzusetzen und den Kapitalismus aufzuheben, ist bei ihnen nicht zu lesen.

5) TREND ist seit Januar 1996 ein rein virtuelles Erzeugnis, dessen publizistische Konzeption im Laufe der Jahre verändert wurde. Zunächst war er eine Mischung aus Nachrichten- und Verlautbarungsorgan für das linke und radikale Spektrum im Internet. Theoretische Artikel ergänzten die Palette. Im Laufe der Zeit wurde TREND zur Starthilfe für andere Projekte, die den Weg ins Internet gehen wollten. Die Unterstützung reichte im Laufe der Jahre von der SOZ über den Stressfaktor, dem Geninformationsbüro bis zu den LINKEN BUCHTAGEN. Zu diesem Zwecke schuf TREND gemeinsam mit anderen das PARTISAN.net, aus dem das INFOPARTISAN.NET als Portal- und Archivseite für linke Politik 2004 hervorging.

6) Heute ist TREND hauptseitig ein Theorieorgan für linke Politik. D.h. in Umkehrung der Ausgangsituation von 1996 stehen nun statt aktueller Berichterstattung theoretische Texte im Vordergrund. Die Textauswahl erfolgt strömungsübergreifend, damit von herrschenden Meinungen abweichende sozialemanzipatorische Ansichten eine Internetplattform erhalten. Hintergründe und Gegenstandpunkte zu veröffentlichen sind ein Markenzeichen von TREND. Die konkrete Utopie einer Gesellschaft jenseits von Ausbeutung und Unterdrückung und die Befreiung aus der selbst verschuldeten Unmündigkeit sind daher Ziel und Inhalt unserer journalistischen Praxis.

7) Von daher könnte unser Veröffentlichungskonzept als "teilnehmende Beobachtung" definiert werden. Dieser Begriff war in den 70er Jahren unter Sozialwissenschaftlern recht verbreitet und sollte signalisieren, dass jene nicht bereit waren, den wissenschaftlichen Erkenntnisprozess in der Faktenhuberei der empirischen Sozialforschung verkommen zu lassen. Im Prozess der Untersuchung sollten stattdessen die Untersuchungsobjekte in dialektischer Weise zu Subjekten des Prozesses werden und umgekehrt die Forschenden zu Lernenden. In diesem Sinne glauben wir durch das Gegeneinanderstellen sich widerstreitender Auffassungen das Wissen der Leute zu verbreitern, damit diese in einen Dialog treten und – wenn es gelingt – ihre An- und Einsichten ins wirkliche Leben hineintragen. Solche Entwicklungen in Sachen Theorie seit 1996 kontinuierlich zu dokumentieren, machten TREND zum Spiegel und Archiv dessen, was Linke theoretisch umtreibt und welche praktische Politik sich daraus ableitet. Darüber hinaus diente TREND als virtueller Gedächtnisspeicher, um ausgegrenztes oder totgeschwiegenes Wissen für linke Politik wieder zugänglich zu machen. Die Methode, die wir dabei anwenden, kann folgendermaßen beschrieben werden: Wir verbreiten sowohl bereits veröffentlichte Texte durch Spiegelung als auch bisher unveröffentlichte, um sie dadurch neu zu samplen bzw. zu remixen. Diese besondere Sammelwerkmethode schafft neue Sichtweisen und Einsichten in bereits bekannte Zusammenhänge und Strukturen. Bestimmte Informationen, die zuvor als marginal galten, können so eine zentrale Bedeutung erlangen.

8) Damit beansprucht TREND Teil der linken Gegenöffentlichkeit in Internet zu sein. Allerdings machen wir nicht bei dröger Faktenhuberei und redundantem Info-Broking mit. Wir überlassen es anderen, bürgerliche Nachrichtendienste abzugrasen und deren News - nach Reizwörtern sortiert - in linke Infokanäle einzuspeisen, um die dort bereitgehaltenen Nachrichten aus den eigenen Zusammenhängen zu komplettieren.

9) Die Herstellung von TREND erfolgt rein virtuell. Dadurch sind die Kommunikationsstrukturen, die zur Herstellung nötig sind, überwiegend auch virtuell. Dennoch streben wir, seitdem es TREND gibt, seine Verknüpfung mit dem "wirklichen Leben" an. Formen, in denen dies geschieht, waren bisher: Veranstaltungen, Seminare, Gesprächsrunden, Plena und Konferenzen, wobei die jeweilige Tagungsform dem Inhalt geschuldet war.

10) Indem TREND in politischen Zusammenhängen jenseits des WWW durch jene Menschen präsent war, die als LeserIn,

RedakteurIn oder AutorIn mit ihm verbunden sind, entstanden reale Kommunikationsstrukturen entlang von TREND. Gegenwärtig läuft der Versuch aus einem Teil dieser Strukturen einen festen Arbeitszusammenhang zu schaffen, der in der Form eines politischen Beirats direkten Einfluss auf die inhaltliche Gestaltung von TREND (z.B. Themenschwerpunkte, Veranstaltungen, virtuelle Archive) erhält.

Kommunismus. Was sonst.

Anknüpfend an diese programmatische Verlautbarung wurde im März 2005 im politischen Beirat beschlossen, zum 1.Mai eine gedruckte Ausgabe der Onlinezeitung in einer Auflage von zweitausend Exemplaren mit der Headline "Die Wut ist groß, aber wohin damit?" (10) herauszugeben, um damit die „Mai-Steine"-Kampagne (11) zu unterstützen. Denn die besondere politische Aufgabe dieser Kampagne bestand darin, die soziale Frage in den traditionell von „Autonomen" in Berlin organisierten „revolutionären Ersten Mai" einzubringen und mit einer Kritik an ihrer Politik zu verbinden:

> „Doch es reicht nicht aus, sich sozialrevolutionär zu organisieren, wenn nicht die Aufhebung der bürgerlich-kapitalistischen Gesellschaft in eine Assoziation freier ProduzentInnen Ziel und Zweck dieses Zusammenschlusses bildet." [12]

Auf Einladung der Redaktion fand nach dem 1. Mai ein Treffen mit dem Beirat statt, um die Erfahrungen mit „TREND-Print 1/2005" auszuwerten und die Inhalte einer weiteren Printausgabe für den Herbst 2005 mit dem Titel „Sozialemanzipatorische Bewegungen in anderen Teilen der Welt" zusammenzustellen. Diese zweite TREND-Druckausgabe erschien nach eingehenden Beratungen schließlich im November 2005 unter dem Titel „Klassenkämpfe im Neo-Kapitalismus" (13). Des Weiteren beschäftigte sich dieses Treffen auch mit ersten Überlegungen zur Gestaltung des zehnjährigen Jubiläums der Onlinezeitung im Januar 2006. Die Redaktion schlug vor, dieses Ereignis als eine Art Kongress zur organisieren. Dort sollte der Begriff des Kommunismus mit den historischen Erfahrungen des Kampfes um die soziale Emanzipation anhand von drei Themenkreisen reflektiert werden: „Soziale Emanzipation weltweit, die Zukunft der Metropolen, Klasse und revolutionäre Organisation." Zur Begründung führte sie an:

„Wenn wir – d.h. die TREND-Redaktion – fragen: ‚Kommunismus -
was sonst?', dann transportiert dies schließlich auch eine klare Absage an jene narrativen Methoden, womit die – ansonsten nicht un-
sympathische undogmatische – Linke sich wie eine riesige Selbster-
fahrungsgruppe inszeniert und somit in ihrer selbstverschuldeten
Bedeutungslosigkeit gut aufgehoben bleibt. Wir als TREND-Redaktion wollen mit diesem Kongress stattdessen dazu beitragen, Politik
auf wissenschaftliche Grundlagen zu stellen. D. h. auf solche, worin
die individuelle Emanzipation als integraler Bestandteil der sozialen
Emanzipation enthalten ist und wodurch wissenschaftlicher Kommunismus und emanzipatorische Praxis kohärent zusammenkommen.
Dies ist bitter nötig, ist es doch spätestens seit 1989 en vogue Kommunismus gleich Stalinismus zu setzen. Hierauf hat die Linke bisher
nur defensiv oder autistisch reagiert und damit ihren Beitrag zur bürgerlichen Geschichtsentsorgung und -klitterung geleistet. Genau an
dieser Stelle verknüpften sich zunehmend theoretische Regression
mit linkem Nischendasein." (14)

Nachdem verschiedene Programmvorschläge via Mailingliste vorgelegt
worden waren, trafen sich Ende September 2005 Redaktion und Beirat
(15), um das Programm für das zehnjährige Bestehen der TREND Onlinezeitung im Januar 2006 zu beraten. Dort wurde zusammen festgelegt, das
Jubiläum am Wochenende 20. und 21. Januar 2006 durchzuführen und
die „Kommunismus-Frage" in den Mittelpunkt zu stellen. Losgehen sollte
es am Freitagabend mit einer "Roten Revue". Am Sonnabend waren für
nachmittags kleinere Gesprächskreise mit ausgewählten Referent:innen
geplant. Den Kongress abschließen sollte am Sonnabend eine Podiumsdiskussion mit dem Titel "Kommunismus - was sonst! "Die Linke" rechts liegen lassen?"

Als bekannt wurde, dass vom 11.-13. November 2005 in Berlin ein von
der trotzkistischen Organisation „Linksruck" organisierter Kongress mit
dem Titel „Kapitalismus Reloaded" stattfinden sollte, kritisierte Peter Nowak in der TREND Novemberausgabe dieses Veranstaltungsprojekt auf
prinzipielle Weise und warf mit Blick auf den kommenden TREND-Kongress die Frage auf:

„Soll die akademische Mittelschicht mal wieder über die angesagten
linken Diskurse debattieren oder gehen wir endlich an die Suche nach
dem Kommunismus des 21. Jahrhunderts?" (16).

In TREND 12/2005 wurde das endgültige Programm des Kongresses „10 Jahre TREND Onlinezeitung – Kommunismus. Was sonst." für den 20./21.Januar 2006 im Mehringhof bekannt gegeben (17). Außerdem wurde ein Programmheft gedruckt und in linken Zusammenhängen verbreitet sowie online gestellt. Kurz vor dem Termin waren über 1.500 Veranstaltungshefte heruntergeladen worden.

An diesem Wochenende sollten nicht nur die philosophischen und weltanschaulichen Ansprüche der Onlinezeitung auf dem diskursiven Prüfstand stehen. Es sollte auch dafür geworben werden, dass die nicht parteigebundene klassenorientierte Linke sich nach dem Scheitern der kommunistischen Projekte der 1970/80er Jahre und der noch immer aktuellen ideologischen Dominanz der „Politik der ersten Person" wieder der politischen Ökonomie zuwendet und ebenfalls eine kritische Rückbesinnung auf die historischen Erfahrungen der internationalen Arbeiter:innenbewegung unternimmt. Die Redaktion und der politische Beirat hatten in Absprache mit den Referent:innen für das Wochenende folgende Einschätzungen zur Diskussion vorgeschlagen:

„Dass das Einreißen der kapitalistischen Verwertungsschranke mit Blut, sozialer Not, Hunger und Armut der Werktätigen im internationalen Maßstab sowie mit der Zerstörung der Natur bezahlt wird, wird zumindest in den Metropolen immer noch als notwendiges Übel akzeptiert, während die kommunistische Alternative von der Mehrheit abgelehnt wird. Unter solchen Bedingungen müssen KommunistInnen und andere Revolutionäre als Erstes ihre sachliche Autorität in allen Fragen, die das menschliche Zusammenleben strukturieren, zurückerlangen. Diese Autorität werden sie keineswegs zurückgewinnen, wenn sie Illusionen verbreiten, die den gesellschaftlichen Realitäten nicht entsprechen. Ferner müssen revolutionäre Kräfte endlich einsehen, dass die ArbeiterInnenklasse sehr wohl selber in der Lage ist, den normalen kapitalistischen Geschäftsgang zu begreifen und auf dieser Grundlage ihre Interessen zu formulieren, d.h. eine revolutionäre Propaganda, die keine darüber hinaus gehenden Einsichten vermittelt, ist tatsächlich überflüssig. Sachliche Autorität wird allerdings auch dann nur zurückerlangt werden können, wenn die neuen kapitalistischen Verhältnisse und Strukturen sowie alte, bisher unberücksichtigte einer wissenschaftlichen Analyse unterworfen werden. Dazu gehört vor allem auch eine Neueinordnung der praktischen und theoretischen Erfahrungen der internationalen ArbeiterInnenbewegung einschließlich der daraus abgeleiteten Revolutions- und Organisationskonzepte." (18)

Damit unterstrichen Beirat und Redaktion, dass das Wochenende quasi als Theoriewerkstatt konzipiert wird, um die aktuellen gesellschaftlichen Veränderungen mit ihren Krisenerscheinungen in Beziehung auf ihren inneren Zusammenhang – die kapitalistische Produktionsweise – zurückzuführen und sie als Erscheinung einer historischen Formation darzustellen, die den Grund ihrer Aufhebung in sich trägt.

Mehrere Pressemeldungen wiesen auf die zweitägige TREND-Jubiläumsveranstaltung im Mehringhof hin, und mehr als 300 Teilnehmer:innen besuchten dann die Veranstaltungen. Mit viel Beifall wurde besonders die Eröffnungsveranstaltung mit Helmut Höge (TAZ) und Detlev Kretschmann (TREND-Beirat) begleitet. Durch ihre künstlerischen Darbietungen zeigte sich erneut, dass Linkssein sich nicht allein durch Theoriearbeit vermittelt, sondern gerade auch durch das Ansprechen von Gefühlen und Stimmungslagen. Außergewöhnlich war vor allem an diesem Wochenende auch, dass an Stelle der sonst üblichen sektiererischen Abgrenzungen in allen Diskussionen ein solidarisches Klima herrschte. Ganz gleich ob jemand anarchosyndikalistische oder rätekommunistische Positionen vertrat und dabei auf eine Person stieß, die im ML-Spektrum oder bei der Linkspartei zu verorten war, es wurde zugehört und argumentativ aufeinander eingegangen. Eine der Zuschriften, die die Redaktion nach dem Veranstaltungswochenende erhielt, fasst dies trefflich zusammen:

"Die Arbeitsgruppen und Workshops an denen ich aktiv oder als Zuhörer teilnahm, fand ich alle gelungen. Die TeilnehmerInnenzahl war gut und es gab überall eine rege Diskussion, so dass die Zeit manchmal vergessen wurde. Es war nirgends so, dass niemand was sagen wollte und die Zeit rumgebracht werden musste. Besonders positiv machte sich in den unterschiedlichen Debatten die Teilnahme von ehemaligen oder aktuellen AktivistInnen aus den Betrieben bemerkbar. Die Debatte blieb daher nicht im Abstrakten hängen, sondern hatte eine Erdung im politischen Alltag. Ich denke, hier liegt auch die große Stärke von TREND, dass die Zeitung aus linken Gewerkschaftszusammenhängen kommt und weiterhin den Kontakt dahin nicht verloren hat. Wenn mensch manche Debatten im linken Wolkenkuckucksheim verfolgt, kann mensch erst ermessen, wie wichtig diese

Anbindung an Debatten in den Betrieben etc. ist. Ich finde darauf sollte bei den nächsten Veranstaltungen aufgebaut werden." (19)

Sollte der Kongress keine Ein-Punkt-Aktion gewesen sein, so stand die Redaktion nun vor der Aufgabe, Themen und Fragestellungen von diesem Wochenende wieder in den virtuellen Raum zurückzutragen und durch Beiträge zu vertiefen, um sie jenseits des Netzes erneut einem Diskurs zuzuführen. So wurden die Inhalte dieser „Kommunismus-Debatte" zu einem ständigen, politisch-theoretischen Aufgabenfeld der Redaktion. Schließlich hatten die Referent:innen in unterschiedlicher Weise Fragestellungen aufgeworfen, die auch in milieulinken Zusammenhängen an Bedeutung hätten gewinnen können. Allerdings war dem nicht so. Ein Jahr später postulierte z.B. die „interventionalistische Linke (iL)":

„Eine radikale Politik kann ihre Erfahrungen nur ausschöpfen, wenn sie die Einforderungen von Alternativen in Kampagnen, Bündnissen und Bewegungen mit ihrer praktischen Vorwegnahme und Erprobung im eigenen Alltag verbindet." (20)

Hier zeigte sich ein Politikverständnis, in dem theoretische Bemühungen für eine Praxis zur Aufhebung des Kapitalismus einen überflüssigen Ballast darstellen, denn die „Suche nach dem Kommunismus des 21.Jahrhunderts" (Nowak) als theoretische Aufgabenstellung steht für Milieulinke nicht auf der Tagesordnung. Von daher deutete sich an, dass der „TREND-Kongress" mit den Inhalten seiner „Kommunismus-Debatte" auch längerfristig bei diesen nur bedingt anschlussfähig sein würde. Deshalb war es gerade wichtig, dass Robert Schlosser auf dem Kongress die Forderung erhoben hatte, sich auf die Marxsche Kritik der politischen Ökonomie zurück zu besinnen (21), wozu seiner Meinung nach auch gehörte, einer fehlerhaften oder bewusst verfälschenden Marx-Rezeption entgegenzutreten (22).

Anknüpfend daran fand Ende Februar eine Auswertungsrunde des „10 Jahre Trend Wochenendes" im Beirat statt. Dabei gelangten Redaktion und Beirat gemeinsam zu der Auffassung, dass die Vermittlung zwischen Diskursen im Netz und den jenseits davon in der „wirklichen Welt" in der Form von Veranstaltungen weiterhin Aufgabe der publizistischen Praxis sein sollte. In diesem Sinne wurde beschlossen, die „TREND-Nachtgespräche", wie sie 2001/02 im Partisan.net stattgefunden hatten, wieder aufleben zu lassen.

Im März reichte Andreas K. sein Referat zur Veröffentlichung nach, welches er auf dem TREND-Kongress gehalten hatte. Darin ging es um die Mitarbeit von Kommunist:innen in der Bewegung der Sozialforen, die seit 2002 weltweit erfolgreich als offenes Treffen von Globalisierungkritiker:innen entstanden waren. In seinem Resümee stellte er klar:

> „Die Aufgabe, eine revolutionäre Linke in Weiterentwicklung des Marxismus wiederherzustellen, ist jedoch außerhalb dieses Raumes zu lösen" (23)

Damit waren sozusagen die künftigen Leitplanken für die publizistische Fortsetzung der „Kommunismus-Debatte" bei TREND abgesteckt: Rückbesinnung auf Karl Marx als verbindliche theoretische Aufgabe. Kurzum: Die Aneignung seiner Kritik der politischen Ökonomie zur Anwendung als Analysewerkzeug für das Verständnis der Widersprüche im Kapitalismus, die im Widerspruch zwischen Kapital und Lohnarbeit ihren Grund haben. Woraus sich die Erkenntnis ableitet, das Proletariat als historisches Subjekt zu definieren, dem die Aufgabe zufällt, die kapitalistischen Verhältnisse aufzuheben.

Im Widerstreit der Meinungen

Aufgrund dieser politischen Ausrichtung orientierten sich Redaktion und Beirat für ihre kommenden „Nachtgespräche"an der von Bertolt Brecht und Walter Benjamin als „eingreifenden Denkens" (24) bezeichneten Methode. Das erste fand bereits unmittelbar nach dem „TREND-Kongress" am 24. Januar 2006 im BAIZ statt und trug den Titel „Prekäre Zeiten". Die erste Gesprächsrunde war auf „revolutionären 1.Mai" 2006 ausgerichtet und sollte zur Unterstützung der „May-Day-Initiative" dienen. In der Ankündigung hieß es:

> „Wie in vielen linken Texten in der letzten Zeit werden auch in Aufrufen zu den in diesem Jahr in Berlin und Hamburg geplanten Mayday-Paraden die «Prekarisierten» gezielt angesprochen. Was ist mit diesem Begriff überhaupt gemeint? Soll hier etwa ein neues revolutionäres Subjekt das gute alte Proletariat ersetzen? Kann der Bezug auf die Prekarisierten einen Beitrag für neue soziale Kämpfe leisten oder ist er nur ein neuer linker Modebegriff? Können unter dem Begriff Prekariat auch Kämpfe gegen patriarchale und rassistische Unterdrückung abgebildet werden, die im alten Arbeiterbewegungsdiskurs oft als Nebenwidersprüche abgewertet wurden? Diese und viele andere Fragen wollen wir gemeinsam mit Euch diskutieren. Impulse für die Debatte geben."

Diese Genoss:innen strebten jenseits von Parteiverkrustungen eine linke Praxis an,

> „die auch in den Alltagskämpfen wieder eine Perspektive auf ein Leben jenseits von Ausbeutungs- und Herrschaftsverhältnissen der bürgerlichen Gesellschaft bietet und damit den ganzen Kapitalismus kritisiert und nicht nur seine schlimmsten Verschlechterungen" (25)

An diesem Abend drängten sich 60 Zuhörer:innen im Tagungsraum des BAIZ als Dirk von der Hamburger „Gruppe Blauer Montag", Peter von den „Internationalen KommunistInnen" sowie Max von der Zeitschrift „Arranca" miteinander diskutierten, um für den 1. Mai zu mobilisieren. Im Editorial der Juniausgabe der Onlinezeitung findet sich dazu folgendes Veranstaltungsresümee:

> „Der übliche Widerstreit der Meinungen, der bekanntlich auch Einsicht in den Gang der Dinge ermöglicht, bestimmte dann nach den Impulsreferaten des Podiums den Veranstaltungscharakter. Die Hauptwiderspruchlinie verlief jedoch nicht quer zwischen den Referenten, sondern zwischen diesen und Teilen des Publikums. Während Max von der Arranca und Peter von den Interkomms die Kritik an sich recht gut aushielten, reagierte Dirk vom Blauen Montag ein wenig genervt. So bestätigte sich schließlich mit dieser Veranstaltung erneut, wie einer der TREND-Herausgeber, der diese Diskussion moderiert hatte, in seinem Schlußwort treffend ausführte, dass es leider immer noch ein mühseliges Unterfangen darstellt, Bewegungslinke und hauptseitig theoretisch arbeitende GenossInnen miteinander in einen fruchtbaren Dialog zu bringen." (26)

Diese Einschätzung war sozusagen ein Fingerzeig, mit dem die Redaktion aufmerksam machen wollte, dass für die Weiterführung der „Kommunismus-Debatte" in linken und linksradikalen Spektren nur mit einem wenig ausgeprägten Erwartungshorizont zu rechnen sei, und sie folglich mit weiteren aussagekräftigen und seriösen Beiträgen vorbereitet werden müsste.

Das zweite TREND-Nachtgespräch hatte erst einmal ein völlig anderes Thema zum Gegenstand. Nämlich die Geschichte der Stadtguerilla in der BRD, angekündigt mit dem Titel „Unsere Geschichte lassen wir uns nicht nehmen". Es fand am 22. September 2006 in Kreuzberg statt. Der Anlass dafür war das von Wolfgang Kraushaar 2005 verfasste Buch mit dem Effekt heischenden Titel „Die Bombe im Jüdischen Gemeindehaus" (27). Die Veranstaltung knüpfte inhaltlich an die Textsammlung „High sein, frei sein, Terror muss dabei sein!" (28) an. Sie war 2005/06 von Karl-Heinz Schubert als Ergänzung zur digitalen Textsammlung „Aufruhr & Revolte" (29) für das Nachtgespräch erschienen, zu der auch eine TREND-Druckausgabe als Programmheft gehörte. Darin hieß es:

> „Am 22.9. werden nun Ilse Schwipper und Johann von Rauch versuchen, mit Kraushaars Geschichtsfälschungen aufzuräumen und als Zeitzeugen den Fokus darauf richten, dass der Widerstand gegen Entrechtung und Erniedrigung und das Engagement für eine freie Gesellschaft freier Individuen nicht nur einander bedingen, sondern damals wie heute legitim sind." (30)

In der mit rund 40 Teilnehmer:innen gut besuchten Veranstaltung zeigte sich, dass Johann von Rauchs begriffliche Verallgemeinerung seiner politischen Erfahrungen bei einem Teil des Publikums auf deutliches Unverständnis stieß. Dies entsprach leider der in postautonomen Zusammenhängen vorherrschenden Tendenz der Verflachung politischer Diskussionen, wo Ableitungen, Befunde und Urteile oder sogar Gesetzmäßigkeiten und schließlich Widersprüche ebenso fremd erscheinen wie weltanschauliche Fragen und erkenntnistheoretische Probleme. Unter dem Eindruck dieses Abends beschloss die Redaktion „Texte zur Philosophie" als ständige Rubrik einzurichten. Zur inhaltlichen Ausrichtung schrieb sie:

> „Wir beginnen in dieser Ausgabe mit der abschnittsweisen virtuellen Veröffentlichung zweier vergessener Texte, die nicht nur qualitativ verschieden sind, sondern gänzlich unterschiedliche Zwecke verfolgen. Zum einen handelt es sich um die ‚Marxistischen Lehrbriefe', die aus der Schulungsarbeit der illegalen KPD stammen. Zum andern um das Arbeitsergebnis einer universitären Dialektik-AG aus den ‚roten' 70er Jahre. Damit wollen wir sozusagen die inhaltliche Breite dessen abstecken, was unsere LeserInnen auf diesem Feld der Theorie demnächst zu erwarten haben." (31)

Das dritte TREND-Nachtgespräch mit dem Titel „883-Buch erschienen. Lufthoheit über linken Stammtischen gefährdet" wurde zwar im Oktober 2006 durch eine TREND-Druckausgabe für den Dezember angekündigt (32), doch zu dieser Veranstaltung sollte es allerdings nicht mehr kommen. Die Idee zu dieser Veranstaltung war entstanden aus der Kritik der Redaktion an dem „883-Buch" (33). Dem Buch war nämlich eine CD beigelegt worden, die sowohl alle Ausgaben der „links&radikalen" westberliner „Agit883" von 1969 bis 1972 als auch Ausgaben aus den Jahren 1981, 1983 und 1998 enthielt. Sie stammten von Klaus Schmitt und hatten mit der echten „Agit883" rein gar nichts zu tun hatten. Vielmehr waren sie von „braunanarchistischem" Gedankengut durchzogen.

Bei der Buchvorstellung in den „Schwarzen Rissen" im Berliner Mehringhof am 27. Oktober 2006 durch die Autoren stellte sich heraus, dass deren Positionen in der politischen Bewertung der von Schmitt redigierten „Agit883" von denen der TREND-Redaktion derart weit entfernt lagen, dass für die Redaktion eine gemeinsame Veranstaltung nicht mehr in Frage kam.

Wenn auch dieses dritte „Nachtgespräch" gecancelt wurde, die kommunikative Vermittlung von Virtuellem durch Veranstaltungen im Hier und Jetzt sollte auch weiterhin ein Markenzeichen von TREND bleiben. Dies hing natürlich auch von der Qualität der virtuell veröffentlichten Beiträge ab. Gerade an diesem Punkt machte die Onlinezeitung einen großen Schritt nach vorn. Denn ab der Aprilausgabe 2006 erschienen Bern(h)ard Schmids „Berichte aus Frankreich" kontinuierlich in einer eigenständigen Rubrik bis zur letzten Ausgabe im Januar 2021 (34). Ebenfalls ab der Septemberausgabe wurde als weitere ständige Rubrik „Das politische Buch" eingerichtet. Damit unterstrich die Redaktion, dass sie TREND auch zukünftig nicht nur als linke Nachrichtensammelstelle verstanden wissen wollte, sondern vor allem als theoretisches Magazin für eine antikapitalistische Praxis.

Anknüpfend an das zweite „Nachtgespräch" hatte sich seit Herbst 2006 Karl-Heinz Schubert neben der Redaktionsarbeit mit dem Aufbau des Archivs „Rock & Revolte" bei INFOPARTISAN befasst, womit ein spezifischer Teil der Geschichte der „68er"-Bewegung erzählt werden sollte, um damit „einen Eindruck von Musik und Räumen aus den 50er Jahren bis in die Mitte der 70er zu vermitteln, wo sich „Spaß & Lust & Protest zunehmend in politische Revolte & sozialen Widerstand transformierten". In seinen Grundstrukturen war das Archiv im Frühjahr 2007 fertiggestellt (35) und wurde fortan von ihm erweitert und ergänzt. Unabhängig davon befasste sich die Redaktion, wenn auch nur noch punktuell, mit den Fragen militanter Politik. So z.B. zu Beginn des Jahres 2007 als das RAF-Thema wieder einmal gehypt wurde, weil für Christan Klar (Ex-RAF-Mitglied) ein Gnadengesuch für eine vorzeitige Entlassung gestellt worden war. Der „Deutsche Herbst 1977" und die RAF bildeten dabei die zentralen Narrative für eine breite ideologische Offensive, um sozialemanzipatorische und revolutionäre Politik zu verteufeln und ihre polizeistaatliche Verfolgung zu rechtfertigen. Die radikale Linke nahm dies zum Anlass, nicht nur gegen diese ideologische Breitseite vorzugehen, sondern auch um ihr politisches Selbstverständnis in Bezug auf die Theorie und Praxis der RAF zu diskutieren. In den TREND-Ausgaben 02/2007 bis 01/2008 wurden daher wichtige Debattenbeiträge und ergänzende Texte aus der RAF sowie weitere historische Texte veröffentlicht (36).

Seit Mai 2004, als die politische Neuausrichtung von TREND begann, waren die monatlichen Berichte aus „Betrieb & Gewerkschaft" ein wichtiger Spiegel für die Beurteilung der Klassenkämpfe in der BRD. So ergab die Jahresendauswertung 2006, dass seit 2005 die Zahl der betrieblichen Berichte auf durchschnittlich 90 bis 100 pro Jahr angewachsen war. Von daher entschied die Redaktion, dass das nächste bzw. das eigentlich dritte TREND-Nachtgespräch im Jahr 2007 den betrieblichen Klassenkampf zum Thema haben sollte.

Vom politischen Beirat kam deshalb die Empfehlung den Film „Die Fabrik brennt" zu zeigen, der vom militanten Kampf der französischen Arbeiter:innen bei Cellatex im Jahr 2000 erzählt. Für dieses Thema sprach vor allem auch die inhaltliche Kongruenz zu der immer noch ausstehenden Fortsetzung der Kommunismus-Debatte. Von daher befasste sich das dritte Nachtgespräch mit dem betrieblichen Klassenkampf und fand schließlich am 6. März 2007 im BAIZ als Filmveranstaltung mit einer Diskussion über „Selbstorganisation und Militanz in betrieblichen Kämpfen" statt. Auch dazu gab es wieder eine TREND-Druckausgabe als begleitendes Programmheft (37). Über die Diskussion der rund 30 teilnehmenden GenossInnen aus „links&radikalen" Zusammenhängen vermerkte die Onlinezeitung im Editorial der Aprilausgabe:

> „In der anschließenden Diskussion wurde daher zurecht vertreten, dass Klassenkämpfe immer daran zu messen seien, ob in ihnen die Perspektive einer anderen Gesellschaft, nämlich der Kommunismus, aufscheine, enthalten sei oder sogar bewusst propagiert werde. Dem wurde entgegengehalten, dass die Propaganda für den Kommunismus wertlos sei, wenn sie rein ideologischer und nicht praktischer Natur wäre. Eine praktische Kritik wäre eine, so wurde vertreten, die in der Lage ist, die gegenwärtigen gesellschaftlichen Verhältnisse als inhuman zu denunzieren, um mithilfe dieser Kritik die Konturen einer freien Gesellschaft formulieren zu können. Dies hätte jedoch wahrlich nichts mit Militanz zu tun, sondern mit Radikalität. Militanz, so wurde gefolgert, wäre damit eine rein taktische Frage, die aus der

Analyse der Kräfteverhältnisse auf der Grundlage der kommunistischen Programmatik abzuleiten sei. Moralische Entrüstung, individuelles Verlangen, Wut und Bauch seien daher als Triebkraft der Militanz – trotz eines eventuellen medialen Erfolges – strategisch denkbar ungeeignet." (38)

Die nächste TREND-Veranstaltung fand nicht als „Nachtgespräch, sondern als „Workshop" am 22. April 2007 auf dem 1. Berliner Sozialforum in der Neuköllner Rütli-Schule statt. Peter Nowak, Detlev Kretschmann und Karl-Heinz Schubert hatten sich dafür vorgenommen, ihre Ansichten zu der rassistischen Hetze, die sich über die Schüler dieser Schule genau ein Jahr zuvor ergossen hatte, zur Diskussion zu stellen. Dazu wollten sie auf deren Ursachen und ihren inneren Zusammenhang mit der Krise der Staatsschule eingehen. Es zeigte sich jedoch, dass diese Kritik bei den meisten Teilnehmer:innen vor allem deswegen auf Unverständnis stieß, weil sie „nämlich nicht deren Verlangen nach griffigen Formulierungen und kleinen Plattformen" erfüllte (39).

Im Juni 2007 konnte TREND endlich titeln: „Kommunismus - was sonst! Die Debatte geht weiter.", denn Robert Schlosser hatte seine „Eckpunkte einer kommunistischen Programmatik" zur Veröffentlichung freigegeben. Darin wies er erneut auf den Zusammenhang zwischen einer kommunistischen Programmatik und einer historisch-materialistischen Ökonomiekritik hin, wodurch „die Vorstellung von Kommunismus wieder nachvollziehbar, plausibel mit realer Freiheit und Menschlichkeit verbunden wird" (40). In der Ausgabe 7-8/2007 beantwortete er zunächst eine Mail zu seinem Artikel. Sodann folgte ein weiterer Aufschlag, wo er dezidierter auf das Verhältnis zwischen der Kritik der Politischen Ökonomie und dem historischen Materialismus einging. Seine Position dazu fasste er folgendermaßen zusammen:

„Wenn Marx das Kapital idealtypisch als ökonomische Kernstruktur analysiert hat, dann kann das so gekennzeichnete Kapital niemals mit der empirischen Wirklichkeit vollständig übereinstimmen. Wenn allerdings die totalitäre Tendenz der Verwertung von Wert in der allgemeinen Kapitaltheorie richtig begriffen wurde, dann muss sich in der Wirklichkeit eine Tendenz feststellen lassen, die dieses Kapitalverhältnis immer reiner herausarbeitet. Weil ich das so sehe und beobachte, ohne es hier weiter ausführen zu können, behaupte ich, dass die ‚Durchsetzungsgeschichte' des Kapitals, trotz der ökonomischen Zusammenbruchtendenz noch längst nicht zu Ende ist, was sowohl für die Betrachtung der Geschichte der sozialrevolutionären Bewegung wie für unsere Perspektiven in Bezug auf soziale Reform und soziale Revolution von größter Bedeutung ist." (41)

Ziemlich zeitgleich wurden bei TREND als Ergänzung zur Textsammlung „Aufruhr und Revolte" (42) alle westberliner Ausgaben der „Agit883" (43) ins Netz gestellt. Hierzu teilte die Redaktion mit:

„Es kann nicht schaden, kontinuierlich einen Blick in die Geschichte der sozialen Kämpfe und ihrer revolutionären Organisationen (oder solcher, die es werden wollten) zu werfen, wenn mensch nicht will, dass einerseits die eigene Geschichte untergeht oder andererseits zum Steinbruch verkommt, aus dem sich das herrschende Personal nach seinen Interessen Brocken herausbricht, um diese zu Legitimationszwecken zu missbrauchen. Der TREND hat seit 1996 kontinuierlich daran gearbeitet, solch einem Geschichtsverständnis den Weg zu versperren. Wir glaubten, dies am besten dadurch leisten zu können, indem wir Dokumente, historische Quellen und Zeugnisse linker und linksradikaler Geschichte durch das Internet vielen Menschen (kostenlos) wieder zugänglich machen. Daher freuen wir uns besonders, dass wir die komplette westberliner Ausgabe der AGIT883 anlässlich des 40. Jahrestages der Ermordung Benno Ohnesorgs der Öffentlichkeit zu Verfügung stellen können. Hier kann jede/r nun selber, feststellen, was Hype oder historische Wahrheit ist, wenn über die Folgen des 2. Juni geredet wird und so ihren/seinen Kopf gegen die breitflächige Denunziation einsetzen, ‚68' habe direkt zur RAF geführt – ja beides wäre sogar inhaltsidentisch." (44)

Unmittelbar nach dem Erscheinen warb die TREND-Redaktion dafür, die Agit883 auch auf anderen Servern zu spiegeln. Als kurze Zeit später auch die Gruppe „BONE" die „Agit883" komplett spiegelte, konnten die Herausgeber:innen des „883-Buches" nicht anders, als ihre dem Buch beigelegte CD zum kostenlosen Download ins Netz zu stellen und gegen TREND massiv in ihren milieulinken Strukturen zu motzen. Dem Mobbing schloss sich das BAIZ aktiv an, indem es seine Räume für ein zuvor zugesagtes „TREND-Nachtgespräch" am 28. September 2007 nicht mehr zur Verfügung stellte. Politisch verbunden mit dem Verlag Assoziation A, der das „883-Buch" verlegt hatte, weigerte sich „Schwarze Risse" weiterhin als „Poststelle" für TREND und Infopartisan zu fungieren. Da Karl-Heinz Schubert an einer einvernehmlichen Trennung interessiert war, konnte er den Buchladen letztlich davon überzeugen, den Strukturen der

Onlinezeitung und ihrer Domain ausreichend Zeit für einen „politisch ge-
räuschlosen Umzug" zu geben.

Im Oktober 2007 veröffentlichte Karl-Heinz Schubert in seinem
„Rockarchiv" bei Infopartisan die „Flugblätter des Zentralrats der umherschweifenden Haschrebellen", die ihm Bodo Saggel 2003 zu diesem Zweck
überlassen hatte (45). Sie waren als Gegenpol für die 2008 zu erwartenden
Erinnerungen durch politisch weichgespülte Zeitzeug:innen gedacht und
sollten auch als Opener für den zeitgeschichtlichen TREND-Schwerpunkt
des kommenden Jahres bilden.

Im Januar 2008 wurde der Schwerpunkt dann mit einem virtuellen Reprint des Jahrgangs 1968 des damals zweimal wöchentlich erscheinenden
linken Nachrichtenorgans „Berliner Extradienst" (46) eröffnet. In der
Sammlung „Remember 1968" (47) erschienen ab Februar 2008 Texte und
Dokumente, die zu einer historisch-materialistischen Aufarbeitung und
Bewertung dieses wichtigen Zeitabschnitts beitrugen und an das bisher
veröffentlichte Archivmaterial von „Aufruhr & Revolte" anknüpften. Der
arbeitsintensivste Teil des zeitgeschichtlichen Rückblicks war die Produktion der politisch-historischen Filmcollage „Rock & Revolte – ein anderer
Blick auf 68" durch ein Team – bestehend aus Genoss:innen vom Beirat
und aus der Redaktion (48). Die Uraufführung fand am 19. Mai 2008 um
20.00 Uhr im „Schnarup Thumby" statt (49). Zum Abschluss des TREND-
Schwerpunkts „1968" gab es eine zweite Aufführung im Dezember 2008
im „Zielona Gora" (50) in Zusammenarbeit mit der Gruppe „Internationale
Kommunist:innen".

Umzug in den Stadtteilladen „Lunte"

Ein besonders wichtiges Ereignis für die Weiterentwicklung der Onlinezeitung war ihr Umzug in den „Stadtteil- und Infoladen Lunte" (51) in der
Nord-Neuköllner Weisestraße im Mai 2008 (51). Dem vorangegangen war
eine intensive Suche. Schließlich war die Entscheidung auf die „Lunte"
gefallen, weil die neue Adresse nicht nur ein „Postkasten" sein sollte, sondern auch der lokale Ausgangspunkt für die antikapitalistische Politik der
TREND-Redaktion jenseits des WWW. Diesem Ziel kamen das strömungsübergreifende Konzept des Ladens und die heterogene politische Zusammensetzung des Ladenkollektivs optimal entgegen (52). Nicht zuletzt auch
dadurch, weil bereits zuvor politische Kontakte von Rolf-Dieter Missbach
und einigen Genoss:innen des Beirats zur „Lunte" bestanden hatten.

Trotz des Schwerpunkts „1968" blieb die Beschäftigung mit der Klassenfrage als die Schlüsselfrage für eine sozialemanzipatorische Politik, die die Aufhebung des Kapitalismus zum Ziel hat, das vorrangige Thema von Beirat und Redaktion. Bereits Anfang 2008 hatte der Beirat der Redaktion empfohlen, sie möge die „28 Thesen zur Klassengesellschaft" der „Freunde der klassenlosen Gesellschaft" (53) spiegeln, um sie als inhaltlichen Gegenpol zum Beitrag von Robert Schlosser, den er auf dem „Trend-Kongress 2006" gehalten hatte, zur Diskussion zu stellen. Diesen Diskurs zwischen beiden Positionen einzuleiten, schien auch deswegen geboten, weil die „Thesen der Freunde" einen bemerkenswerten Widerhall in postautonomen Zusammenhängen hervorgerufen hatten (54). Auch schien es, dass mit ihnen ein Weg aufgezeigt sei, die theoretische Sackgasse zu überwinden, die durch die jahrelangen Auseinandersetzungen zwischen „Antideutschen" und „Antiimps" über Ziele „links&radikaler" Politik entstanden waren. Zu den Verfasser:innen der Thesen gehörten auch Personen, die früher im Partisan.net eine Webpage namens „Revolutionärer Funke"(55) betrieben hatten und dem Linkskommunismus zugerechnet werden können. Von ihren damals vertretenen klassenpolitischen Positionen hatten sie sich zwischenzeitlich entfernt, wie TREND bei der Veröffentlichung ihrer „28 Thesen" im März 2008 allerdings feststellen konnte:

„Dass der Begriff der Klasse nicht durch eine Analyse der Verhältnisse erarbeitet wird, ja dass nicht einmal diese Aufgabenstellung als notwendig für die Begründung revolutionärer Politik anerkannt wird, resultiert aus ihren erkenntnistheoretischen Positionen, die jenseits des dialektischen und historischen Materialismus angesiedelt sind. Logisches und Historisches steht bei den „FreundInnen" schön nebeneinander. In diesem Sinne werden das Verhältnis von Lohnarbeit und Kapital, welches die Klassen objektiv konstituiert, und das Klassenverhältnis, wie es in den jeweiligen historischen Prozessen in Erscheinung tritt, völlig unvermittelt behandelt. Die damit einhergehenden Widersprüche bleiben auf der Strecke und Geschichte erscheint nur noch als eine Aneinanderreihung von Strukturen und Systemen, in der der dialektische Zusammenhang von materieller Basis und ideologischem Überbau, wenn überhaupt, nur noch gespürt werden kann." (56)

Robert Schlosser widmete sich in der TREND 4/2008 sehr ausführlich den „28 Thesen", Ein besonderes Augenmerk legte er dabei auch auf die Behandlung der Ideologie durch die Autor:innen. Sein diesbezügliches Fazit lautete:

„An Klassenbewusstsein kann man nicht anknüpfen, es existiert nicht durch die bloße Existenz einer sozialen Klasse von Lohnabhängigen! Es besteht lediglich die Möglichkeit, es unter bestimmten objektiven Voraussetzung zu entwickeln! Anknüpfen können KommunistInnen allenfalls an den gewachsenen Bedürfnissen der Menschen, dem Streben nach Genuss, etc. aber dies ist nichts spezifisch ‚Proletarisches‘, sondern kennzeichnet wiederum alle Menschen in der bürgerlichen Gesellschaft.“ (57)

Im Juni 2008 erhielt die Redaktion einen Leser:innenbrief, worin gezielt nach dem Übergang vom Kapitalismus zum Kommunismus gefragt wurde. In prinzipieller Weise formulierte Robert Schlosser daraufhin ausgehend von der Marxschen Kritik der politischen Ökonomie seine Antwort. Die Kernaussage lautete darin:

„Die Vergesellschaftung der Produktionsmittel, d.h. ihre Überführung in Gemeineigentum, kann also nur mit „despotischen Eingriffen in die Eigentumsverhältnisse“ (Manifest der kommunistischen Partei) beginnen und das setzt voraus, dass die Masse der Lohnabhängigen sich als Klasse politisch organisieren und politische Macht erobern. Die Einführung des Gemeineigentums an Produktionsmitteln kann nur eine politische Tat sein, die die Produktionsmittel in verschiedenen Staaten (EU, USA und einige mehr) in staatliches Eigentum überführt. Wenn dieser Akt kein formaler bleiben soll, sondern der Beginn der realen Vergesellschaftung der Produktionsmittel, die Aneignung der gegenständlichen Bedingungen ihrer Reproduktion durch die Masse der Lohnabhängigen, dann hängt alles Weitere davon ab, wie diese Staaten verändert werden, ob sie ihren politischen Charakter verlieren und zu ‚absterbenden‘ Staaten werden.“ (58)

Aufgrund der seit dem „TREND-Kongress“ stagnierenden „Kommunismus-Debatte“ entwickelte sich in der Redaktion die Überlegung, eine klassenanalytische Herleitung der lohnarbeitenden Klasse als mögliches historisches Subjekt der Aufhebung des Kapitalismus auf ausgewiesene aktuelle empirische Datengrundlagen zu stützen. Diese Aufgabenstellung galt es an die Kräfte, die klassenpolitisch aufgestellt waren, heranzutragen. Doch mit der Umsetzung dieses Themas konnte aufgrund der begrenzten personalen Kräfte in Redaktion und Beirat nicht so einfach begonnen werden. Zudem noch in einer Zeit, wo der globale Kapitalismus sein Krisengesicht weltweit zu zeigen begann.

Begonnen hatte die Krise im Jahr zuvor, als in den USA der Darlehens-markt für privat genutzte Immobilien und der Handel mit verbrieften Hy-potheken zusammengebrochen war und dies zu einer Finanzkrise geführt hatte, die 2008 nacheinander alle Segmente der Finanz- und Kapital-märkte erfasste. Als schließlich im September 2008 die Investmentbank Lehman Brothers Insolvenz anmeldete, begannen die Verwerfungen sich von den USA aus zu einer Weltwirtschaftskrise auszuweiten. In den west-lichen imperialistischen Staaten sollten nun Hilfen in Milliardenhöhe – sogenannte Rettungsschirme – staatlicherseits auf den Weg gebracht wer-den. Und diese immensen Krisenlasten drohten, wie üblich auf die Masse der Lohnarbeiter:innen abgewälzt zu werden. Angestoßen durch diese Krise stand in Europa bereits Griechenland kurz von dem Staatsbankrott und die Klassenauseinandersetzungen verschärften sich dort zunehmend.

Auch in der BRD begannen nahezu alle „links&radikalen" Kräfte ent-sprechend ihrer jeweiligen politischen Orientierung gegen den Lohn- und Sozialraub propagandistisch sowie auch mit Aktionen vorzugehen. Die theoretischen Bemühungen in Sachen sozialemanzipatorischer und kom-munistischer Programmatik traten nun für die Redaktion erst einmal zu-rück, denn sie sah es als ihre „Chronist:innen-Pflicht" an, sich journalis-tisch darauf zu konzentrieren, „links&radikale" Statements und die dazugehörigen Aktionen strömungsübergreifend zu dokumentieren (59). Im März 2009 fand eine Tagung des TREND-Beirats statt, um eine erste Einschätzung der Stellungnahmen zur Krise aus dem „links&radikalen" Spektrum zu diskutieren, wie ein materialistischer Klassenbegriff in die-ses Spektrum aktuell hineingetragen werden könnte. Dazu lagen auch die monatlichen Zugriffszahlen auf die TREND-Titelseite vor, wo ab Oktober 2008 die neu eingetroffenen Krisentexte veröffentlicht wurden. Die Zu-griffe, stiegen für diese Texte ab Oktober 2008 von durchschnittlich 5.000 auf 6.400 im Januar 2009. In der Aussprache wurde dann eine Veranstal-tung mit Robert Schlosser zu diesem Thema vorgeschlagen, der mit seiner marxistischen Krisentheorie per se die Klasse zum Gegenstand hatte. Auf der anderen Seite ging es aber auch darum, die Klasse nicht nur als kämp-fende darzustellen, sondern den Kampf der Arbeiter:innenklasse als ein historisches Kontinuum zu vermitteln. Dazu empfahl der Beirat zur Ver-mittlung das Medium Film einzusetzen. Beide Vorhaben sollten möglichst in der „Lunte" stattfinden, um die Zeitungsarbeit besser mit den Kräften verbinden zu können, die in Nordneukölln aktiv antikapitalistische Stadt-teilpolitik machten.

Die Veranstaltung mit Robert Schlosser wurde am 13. Juni 2009 in der „Lunte" durchgeführt und trug den Titel „Der drohende Zusammenbruch der Kapitalakkumulation stellt die Systemfrage" (60). Schlossers Inputreferat zur Diskussion skizzierte alle wesentlichen ökonomischen Triebkräfte, die die Krise hervorgerufen hatten, wobei er betonte, dass er seine Ausführungen ausdrücklich als eine Fortsetzung der Argumentation verstehe, die er aus Guenther Sandlebens Artikel „Mythos Finanzmarktkrise" (61) übernommen habe. Gestützt auf dessen Krisenanalyse zog Schlosser folgende politische Schlussfolgerungen:

„Wenn also durch die aktuelle Entwicklung der kapitalistischen Weltwirtschaft die Systemfrage aufgeworfen wird, so kommt es meiner Meinung nach darauf an, dass zunächst in der radikal-antikapitalistischen Linken eine offene und gründliche Diskussion über einen Weg sozialer Revolution geführt wird. Auf der Tagesordnung steht eine solche Revolution nicht … Umso dringlicher aber ist der Beginn der Debatte mit dem Ziel der Klärung, Verständigung und letztlich auch der Organisation. Die jetzige Krise bietet die große Chance, eine solche Debatte konstruktiv zu führen. Auf der Tagesordnung steht jetzt der Kampf gegen die Abwälzung der Krise auf die Masse der Menschen, der Kampf um mehr oder weniger weitreichende soziale Reformen. Dieser Kampf erfordert ein möglichst breites Zusammenwirken aller sozial engagierten Menschen und darf an grundsätzlichen theoretischen Differenzen über die Ursachen der Krise und die Fragen der weiterreichenden gesellschaftlichen Perspektive, wie sie hier skizziert wurden, nicht scheitern." (62)

Übrigens mit seinem Artikel zur Krisentheorie aus marxistischer Sicht trat Guenther Sandleben im Januar 2009 das erste Mal als Autor für TREND in Erscheinung und sollte von da an zum Stammautor und regen Unterstützer der Onlinezeitung werden.

Klassenpolitische Fragen

Für die Umsetzung des Anspruchs, den Kampf der Arbeiter:innenklasse in seiner historischen Kontinuität aufzuzeigen, wurden fünf Veranstaltungen mit vier unterschiedlichen Themenschwerpunkten konzipiert. Sie bestanden aus jeweils mehreren Filmen und wurden durch Inputreferate mit anschließender Diskussion ergänzt. Begonnen wurde mit einer Erinnerung an die Septemberstreiks von 1969 durch zwei Filme, die 1971 und 1973 von den jungen Filmemachern Klaus Wiese und Christian Ziewer produziert worden waren, worin Arbeiter:innenkämpfe aus zwei unterschiedlichen Blickwinkeln dargestellt wurden. Beide Regisseure waren bei diesen Filmvorführungen anwesend, die durch Flugblätter (63) angekündigt wurden und wozu auch eine ins Netz gestellte „Materialsammlung" gehörte (64). Sie bildeten mit drei weiteren Filmen den Themenblock „Vom ökonomischen zum politischen Kampf" (65).

Im November folgte der Themenblock „Faschismus ein historischer Sonderfall? „mit drei Filmen aus sowjetischer, DDR- und BRD-Produktion" (66). Zum Jahresende gab es drei Filme zum Thema „Der aufrechte Gang ist nur durch Bewegung möglich" (67). Die Reihe der Filmveranstaltungen wurde im Januar 2010 mit dem Themenblock „Diese Welt muss unser sein" abgeschlossen (68). Die Filmabende fanden meistens in der „Lunte" aber auch im Friedrichshainer „Café Größenwahn" statt. Sie waren nicht nur gut besucht, sondern gaben TREND die Möglichkeit, auch durch persönliche Beziehungen die Onlinezeitung politisch zu verankern. So wurde z.B. Schubert im November 2009 zur Teilnahme in „Dr. Seltsams Wochenschau" eingeladen, die regelmäßig am Sontag in einem Kreuzberger Lokal als Mittagsveranstaltung stattfand. In dieser Talkrunde diskutierte er mit Detlev Kretschmann und Bernd Langer seine Einschätzungen, wie die Sozialdemokratie in der damals aktuellen ökonomischen Krise politisch agierte.

Angeregt durch das von Anne Seeck in TREND 12/2009 veröffentlichte Vortragsmanuskript „Mittelschicht", wo es zutreffend hieß:

„Auch in der Mittelschichtslinken herrscht die Leistungsideologie der Mitte. Arbeitsverweigerer sind selten, sie sind vor allem in der Erwerbslosenszene zu finden und sie sind oft schon arm geboren. Ansonsten tummeln sich in der Linken viele Freiberufler, denen es um Existenzsicherung und Profilierung geht. Sie wollen mit Politik Geld machen. Viele versuchen sich auch an die Linkspartei anzudocken. Eine Partei, die mittlerweile ein Unternehmen mit hunderten (tausenden?) Arbeitsplätzen ist. Da geht es um Postenjagd. Inwiefern das die außerparlamentarische Linke verändert, wird ebenso nicht diskutiert- wie, dass die kapitalistischen Verwertungsverhältnisse längst in die Linke eingesickert sind. Da weiß man dann nicht mehr, wer wirklich authentisch ist oder wem es um persönliche Vorteile geht." (69)

vereinbarte die Redaktion im Januar 2010, sich ab jetzt über einen längeren Zeitraum mit Grundfragen der Klassentheorie zu beschäftigen. Dieser Artikel war übrigens der Einstieg von Anne Seeck als ständige Autorin bei

TREND, die daraufhin auch über einen längeren Zeitraum im Beirat und in der Redaktion mitarbeitete.

Im Februar 2010 diskutierte das MayDay-Bündnis Berlin die Frage, seine „Parade" an diesem 1. Mai nicht mehr durchzuführen zu wollen. Die Genoss:innen vom „Klassenkampfblockbündnis" wollten jedoch weiter daran festhalten und am 1. Mai wieder einen oppositionellen Block bei der DGB-Demo organisieren und mit diesem Block auch an der revolutionären 1. Mai-Demo in Kreuzberg teilnehmen. Für die TREND-Redaktion ergab sich dadurch die Möglichkeit, mit einer klassenbezogenen Veranstaltungsreihe (70), begleitet von entsprechenden Veröffentlichungen wie z.B. von Robert Schlosser zur laufenden IG Metall Tarifrunde (71), in die daraus entstehende klassenpolitische Diskussion inhaltlich eingreifen zu können. Die Reihe erhielt den Titel „1. Mai 2010 - Nieder mit dem Lohnsystem!" und bestand aus drei Filmen, die in der „Lunte" gezeigt wurden. Den Höhepunkt bildete Robert Schlossers Vortrag "Nicht für ,linke Luftschlösser sondern für die soziale Emanzipation kämpfen!" am 25. April im „Größenwahn". Ende April zog die Redaktion ein erstes politisches Resümee ihrer Veranstaltungsreihe und veröffentlichte die Essentials daraus im Editorial der Maiausgabe:

„Während der Filmabende im ,kleinen Kreis' war einander Zuhören und inhaltlich aufeinander Eingehen der Regelfall. In unserer Veranstaltung mit Robert Schlosser diskutierten gemeinsam: TrotzkistInnen, MaoIstinnen, undogmatische Linke, Anarcho-SyndikalistInnen, oppositionelle GewerkschafterInnen und internationale KommunistInnen in einer solidarischen Weise, die Robert Schlosser in der Nachbesprechung als außergewöhnlich und von ihm so nicht erwartet charakterisiert wurde.... Wir von TREND meinen: Da müsste mehr drin sein. Oder anders: Bauen wir aus den verschiedenen Einpunkt-Bündnissen eine strömungsübergreifende verbindliche Netzstruktur, um programmatische Inhalte der Überwindung des Kapitalismus zu erörtern und eine entsprechende linksradikale Politik gemeinsam in Betrieb, Hochschule und Stadtteil zu entfalten. Durch die Verlagerung der Diskussionspunkte hin zu den Inhalten der Bündnisanlässe werden natürlich Ressourcen gebunden, die bisher im Org-Bereich der Bündnisse verbraucht wurden. Daher kann die Ablösung der bisherigen fast ausschließlich additiven Bündnis- und Bewegungspolitik auch nicht ohne neue Organisationsstrukturen vollzogen werden. Jedoch wäre es ein gravierender Fehler diese Organisationsfrage auf die

Parteifrage zu reduzieren. Mögen diese Vorschläge ein wenig abgehoben erscheinen. Doch wenn die sozialen Kämpfe aufhören reine Defensivkämpfe zu sein, weil die ‚Klasse' aufgrund der Krisenentwicklung in die Offensive gehen muss, dann braucht sie programmatische Grundlagen für eine Gesellschaft jenseits des Kapitalismus. Wann will sie die erarbeiten, wenn nicht jetzt? Für die Revolutionierung der Gesellschaft durch das dialektische Zusammenspiel von Aktion und Aufklärung sind die passenden von der "Klasse" selbstorganisierten Strukturen unverzichtbar. Wann will sie diese schaffen – wenn nicht jetzt?" (72)

Anlässlich des am 27. April 2010 in der „Lunte" gezeigten Films „Aufstand im Kiez" kam es zu einer interessanten Diskussion mit Akteur:innen von der „Stadtteilversammlung Neukölln" über die Bedeutung und politische Einordnung von Stadtteilkämpfen. Dieses Gespräch motivierte die Redaktion zur Einrichtung der ständigen Rubrik „Kapitalistischer Stadtumbau" beginnend ab der TREND Nr. 5/2010. Diese Rubrik entwickelte sich fortan zu einer wichtigen Nachrichtenquelle für Stadtteilkämpfe in den Kiezen sowie über aktuelle Kapitalverwertungsstrategien in der Immobilienbranche. Im TREND-Archiv wurden diese Beiträge in einer eigenen Abteilung unter dem Titel „Kapitalistischer Stadtumbau & Stadtteilkämpfe 1999 bis 2020" zusammengefasst (73).

Die restriktiven Maßnahmen zur Bewältigung der kapitalistischen Verwertungskrise benötigten zu ihrer Legitimation vom politischen und akademischen Personal gewisse Aktualisierungen der Herrschaft sichernden Ideologie. Dazu gehörte es auch speziell. migrantische Gruppen und Hartz IV"-Empfänger:innen als „Schmarotzer" zu diffamieren. Einen aktuell politischen wichtigen Beitrag zu Erhellung dieses Zusammenhangs leistete TREND im September mit der Veranstaltung „Warum dieser Hass? Oder die Grenzen emanzipatorischer Islamkritik" – eine Diskussionsveranstaltung mit dem TREND-Autor Peter Nowak sowie mit Hans vom "Heinersdorfer Bündnis" und dem Soziologen Georg Klauda. Sie wurde im September im „Größenwahn" gemeinsam mit der Gruppe „Internationale KommunistInnen" durchgeführt. In einem Beitrag für Indymedia waren folgende aus dieser Veranstaltung abgeleitete politische Schlussfolgerung zu lesen:

„Angesichts der Sarrazinierung der Gesellschaft, eine Sarrazin-Partei käme nach Umfragen spontan auf 18 % der Wählerstimmen) ist es notwendig, dass eine außerparlamentarische Linke alle Formen der

Unterdrückung und Ausbeutung bekämpft und nicht beispielsweis Antisemitismus gegen Islamhass ausspielt. Es sind durchaus unterschiedliche Formen von Unterdrückungsverhältnissen, aber beide sind zu bekämpfen. Nur so kann eine linke Bewegung der Sarrazinierung der Gesellschaft Paroli bieten. Eine solche Positionierung habe nichts mit einer proislamischen Haltung zu tun. Vielmehr gelte der Spruch, den AntifaschistInnen 2007 den Moscheegegner_Innen in Heinersdorf entgegengehalten haben, auch hier: Für die Religionsfreiheit und die Freiheit von der Religion." (74)

Im Zusammenhang mit der Zunahme der Stadtteilkämpfe geriet im Laufe des Jahres die Öffnung des geschlossenen Tempelhofer Flughafens immer mehr ins stadtpolitische Visier. Auch wurde dieses Thema während der stadtweit organisierten „Herbstaktionstage" aufgegriffen, wo Stadtteilinitiativen, Erwerbslosengruppen und soziale Akteur:innen mit zahlreichen dezentralen Aktionen gegen Sparpolitik und Stadtumstrukturierung protestierten. Im Rahmen der Mobilisierung für diese Aktionen zeigte TREND am 2. Oktober 2010 in der „Lunte" einen Dokumentarfilm über die Häuserkämpfe in den 1980er Jahren in Westberlin mit anschließender Diskussion über Schlussfolgerungen für die aktuelle Situation. Bis zum Jahresende wurden für die Onlinezeitung von der „Lunte" nochmal Räume für vier weitere Filmveranstaltungen zum Thema „Geschichte der Arbeiter:innenbewegung zur Verfügung gestellt (75).

Am 1. Dezember 2010 unterzog Karl-Heinz Schubert auf Einladung des „Internationalistischen Abends" im Stadtteilladen „Zielona Gora" Thilo Sarrazins rechtskonservatives Buch "Deutschland schafft sich ab" einer kritischen Sichtung. Hier stellte er aus klassenpolitischer Sicht fest, dass darin Vorschläge unterbreitet werden, wie Zurichtung und Unterordnung der Ware Arbeitskraft unter das Kapital trotz massiver Kürzung ihrer Reproduktionskosten sichergestellt werden können. Seine Vorschläge waren keineswegs neu, sondern popularisierten nur Krisenlösungsmodelle, wie sie seit Jahren in den Denkfabriken des Kapitals ausgearbeitet worden waren. Zeitgleich zu diesen Aktivitäten wurden im Beirat Gespräche zur inhaltlichen Vorbereitung des 15jährigen Bestehens der TREND Onlinezeitung für Ende Januar 2011 geführt. Bei dieser Bilanzierung gab es volle Übereinstimmung, dass 2008 den Buchladen „Schwarze Risse" zu verlassen, kein Nachteil gewesen war. Sondern im Gegenteil: Die „Lunte" als strömungsübergreifender Stadtteilladen war politisch nicht nur kompatibel mit dem TREND-Zeitungskonzept, sondern die Zusammenarbeit mit ihm wirkte sich direkt befruchtend auf die politisch-theoretische Arbeit und die politische Praxis der Redaktion aus. Mit dem Kernthema des 10jährigen Jubiläums „Kommunismus. Was sonst." als Leitlinie hatte sich durch die politische Zusammenarbeit mit der „Lunte" eine Praxis herausgebildet, in die nun die Dialektik von Reform und Revolution theoretisch und praktisch deutlicher eingebunden werden musste. Diesen Erfahrungszusammenhang aufzuzeigen und ihn in diesem Sinne zu konturieren, sollte als Ziel für den inhaltlichen Fahrplan des 15jährigen Jubiläums bestimmend werden.

AKKA wird Herausgeber der Onlinezeitung

Wenn „Il Manifesto" in den frühen 1970er Jahren zurecht festgestellt haben sollte, dass der vollentwickelte Kapitalismus Risse in dem Sinne aufweist, dass das System selbst „Triebkräfte und Bedürfnisse hervorbringt, die zu befriedigen es weder durch seine aktuelle, noch durch seine mögliche Entwicklung in der Lage ist", dann musste diese Erkenntnis, die in den nachfolgenden 40 Jahren tagtäglich bestätigt wurde, weiterhin das Substrat für eine Politik bilden, deren historisches Ziel die Aufhebung des Kapitalismus ist. Und es musste erneut klargestellt werden, dass dieses Ziel nur durch eine dafür politisch organisierte Arbeiter:innenklasse zu erreichen sein wird. Folglich hieß es im Aufruf zum Veranstaltungswochenende am 22./23. Januar 2011 im Mehringhof für das 15jährige TREND-Jubiläum im Hinblick auf die Organisationsfrage:

> „Wie müsste HEUTE so eine revolutionäre Organisation aussehen? In welchem Verhältnis stünde sie zum Proletariat? Entsteht sie in den Kämpfen der Klasse? Was wären ihre programmatischen Grundlagen? Wie wären die Tageskämpfe mit dem Kampf für eine menschwürdige Gesellschaft jenseits des Kapitalismus zu verbinden? Welche Strukturen müsste diese Organisation haben? Was gäbe es aus den Fehlern und Niederlagen der Vergangenheit zu lernen? Was sollte sich nicht wiederholen? Was hieße HEUTE Reform und was Revolution. Hieße die Antwort nach wie vor: Diktatur des Proletariats?" (76)

Eröffnet wurde das zweitägige Programm mit einem Inputreferat von Harry Waibel zum Thema „Braucht eine sozialemanzipatorische Bewegung eine Partei?". Darauf aufsetzend diskutierten mit ihm die TREND-Autor:innen: Anne Seeck, Peter Djordjevic, Peter Nowak, Robert Schlosser und Bern(h)ard Schmid. Am nächsten Tag boten alle Autor:innen eine eigene zweistündige Veranstaltung an, wo die am Abend zuvor von ihnen vertretenen Positionen vertieft und hinterfragt werden konnten. Die Teilnehmer:innen zeigten sich durchgängig für diese Gesprächsangebote aufgeschlossen. Wenn jedoch im Zusammenhang mit der Frage nach den Wegen aus dem Kapitalismus die Organisationsfrage angesprochen wurde, war die Haltung der Meisten in Sachen Parteibildung und Selbstorganisation eher eine wohlwollend distanzierte. Die Veranstaltungstage klangen mit einer sehr gut besuchten Party in der „Lunte" aus, wozu Detlev Kretschmann mit seinen Politsongs den musikalischen Rahmen lieferte.

Im Februar 2011 tagte der Beirat mit TREND-Leser:innen aus Berlin und dem Umland, um eine politische Auswertung der Jubiläumsveranstaltung vorzunehmen. In dieser Diskussion wurde herausgearbeitet, dass die weitere Zusammenarbeit stärker durch eine klassenpolitische Orientierung bestimmt sein solle. Infolgedessen gründeten am 27. Februar 2011 sechs Personen, die unterschiedlichen linken Strömungen angehörten, den „Arbeitskreis Kapitalismus aufheben (AKKA)", der ab der TREND-Ausgabe 3/2011 bis zur letzten Ausgabe 1/2021 als Herausgeber:innenkreis fungierte. Der AKKA verstand sich nicht nur als ein Gremium, um publizistischen Formen zu genügen, sondern nahm auch stärker als bisher der Beirat an die inhaltliche Gestaltung der Onlinezeitung teil.

Um diese strukturelle Entscheidung inhaltlich zu unterstreichen, eröffnete Anne Seeck ab der Nr. 3/2011 die Rubrik "Repression & Widerstand unter Hartz IV". Sie war Organisatorin des „Lunte-Erwerbslosenfrühstücks" und bereits seit 2009/10 als Autorin bei TREND. Parallel engagierte sie sich für den Verein „TEILHABE" und begann dort regelmäßig Bildungs- und Infoveranstaltungen anzubieten. Im März organisierte der Verein ein Wochenendseminar im Rahmen der Themenreihe „Umbrüche in der Arbeitswelt und die Zukunft des Sozialstaates" (77), wozu auch Karl-Heinz Schubert eingeladen wurde und dort ein Seminar über „Aspekte einer marxistischen Klassentheorie" (78) mit rund 30 Teilnehmer:innen durchführte. Die Vereinsarbeit nahm Anne Seeck jedoch zunehmend so stark in Anspruch, dass sie die redaktionelle Gestaltung der „Hartz IV-Rubrik" im Frühjahr 2012 wieder aufgeben musste.

Zu der klassenpolitischen Positionierung von TREND gehörte es auch, dass der AKKA die inhaltliche Federführung bei der Durchführung von Veranstaltungen übernahm. So organisierte er am 5. März 2011 im Mehringhof mit Bern(h)ard Schmid, der mittlerweile seit zehn Jahren regelmäßig zur Lage in den nordafrikanischen Staaten bei TREND berichtet hatte (79) ein „TREND Teach-in" über die aktuellen „Aufstände in Nordafrika". Dazu waren seit Ausbruch der Kämpfe ausführliche Beschreibungen der Konfliktsituation sowie der agierenden politischen Kräfte von Schmid und anderen Autor:innen bei TREND veröffentlicht worden (80). Mit über 100 Teilnehmer:innen war diese Veranstaltung ein herausragendes Ereignis, auch geschuldet der Tatsache, dass durch die Verwendung des 68er Begriffs „Teach-in" bereits im Vorfeld deutlich gemacht wurde, dass es bei dieser Veranstaltung nicht um eine moralisch-zivilgesellschaftliche Anteilnahme sondern um die Aufklärung über aktuelle Klassenkämpfe durch parteiliche und sachliche Unterrichtung gehen würde.

In diesem Jahr entschied sich der AKKA, speziell die 1.Mai-Aktivitäten des „Klassenkämpferischen Blocks" zu unterstützen. In der Aprilausgabe 2011 von TREND wurde dessen Mai-Zeitung mit dem Titel „Tage des Zorns" digital verbreitet und exklusiv durch ein ausführliches Interview ergänzt. Auf die Frage, wie dieser Titel zu verstehen sei, lautete die Antwort:

> „Der Titel ist eine Anspielung auf eine Protestform der revolutionären Massenbewegungen in Tunesien und Ägypten. An bestimmten "Tagen des Zorns" sind Hunderttausende auf die zentralen Plätze der großen Städte gezogen und trotz massiver Repression so lange nicht weggegangen, bis die Diktatoren abtraten.… Wir bedienen uns aber dieser politischen Symbolik, weil wir zornig sind über den Fortbestand der kapitalistischen Verhältnisse, in denen die Menschen der keine Produktionsmittel oder investierbares Kapital besitzenden Klassen ausgebeutet und ihre Beziehungen zueinander bis ins Letzte den Regeln von Konkurrenz und Warenförmigkeit unterworfen werden sollen. Zugleich werden damit hierarchische Geschlechterbeziehungen auf neuer Stufe fortgeschrieben." (81)

In der Märzausgabe 2011 war zuvor ein Papier der Gruppe „Sozialistische Initiative Berlin-Schöneberg (SIB)" mit dem Titel „Neue Antikapitalistische Organisation? Na endlich!" (NaO) (82) erschienen. Mit diesem Aufruf versuchte eine Hand voll Trotzkist*innen politisch an die in Frankreich 2008 gegründete „Nouveau Parti anticapitaliste (NPA)" (83) anzuknüpfen. Dieser Partei schien es zu gelingen, ein Anziehungspol für enttäuschte Linke aus verschiedenen Strömungen zu werden. Bereits in den Europawahlen 2009 hatte die NPA gut 840.000 Stimmen erhalten. Weil TREND das SIB-Vorhaben als einen „sammelwütigen voluntaristischen Akt von selbsternannten Avantgarden" (84) kritisierte, kam es am 22. Juni 2011 zu einem öffentlichen Disput zwischen Michael Schilwa (SIB) und Karl-Heinz Schubert (85), der zu einer vorsichtigen Annäherung und Teilnahme des AKKA am „NaO"-Gründungsdiskurs führte. Dieser war freilich bestimmt von Kräften, die auf der einen Seite eine Avantgardeorganisation – gebildet aus „subjektiven Revolutionär:innen" – favorisierten, während dem anderen Teil ein antikapitalistisches Bündnisprojekt vorschwebte, um auf diese Weise in der Linkspartei Interessent:innen für das „NaO-Projekt" zu gewinnen.

Der AKKA nahm bis zum Spätsommer 2012 an diesem Parteigründungsprojekt mit zahlreichen Veröffentlichungen und etlichen Veranstaltungen teil. Damit wollten TREND und AKKA deutlich werden lassen, dass sie die klassenpolitische Ausrichtung, wie sie die SIB in ihrem Papier als Essential benannt hatte, zwar prinzipiell unterstützten, dass aber die Forderung des AKKA nach „Einheit der Klassenlinken" mehr beinhaltete als Bündnispolitik in Betriebs- und Stadtteilkämpfen nach operaistischem Vorbild zu betreiben. Vielmehr galt es nach Meinung des AKKA, eine klassenpolitische Praxis zu entwickeln, die nicht nur von gemeinsamen weltanschaulich-philosophische Grundlagen getragen wird, sondern sich auf diese Weise auch reflektiert und weiterentwickelt.

[Eine genauere Schilderung des „NaO-Projekts"
in seiner Gründungsphase befindet sich in
einem Exkurs ab Seite 113 im Anhang]

Übrigens je weiter das „NaO-Projekt" sich auf seinem Parteigründungsweg durch selbsternannte „subjektive Revolutionäre" verzettelte, desto weiter entfernte es sich von Rolf-Dieter Missbachs politischen Basics. Im Spätsommer 2012 war seine politische „Schmerzgrenze" schließlich erreicht. Er zog sich enttäuscht vom „NaO-Projekt" aus dem TREND-AKKA-Zusammenhang zurück. Seit Jahren hatte er um eine Entschädigung für seine verlorenen Kinder- und Jugendjahre in christlichen „Fürsorge"heimen gekämpft und jetzt endlich erhalten. Nun bestand für ihn die Möglichkeit, erstmals seit seinem 45. Lebensjahr als Frührentner nicht mehr in Armut leben zu müssen, sondern ein materiell zufriedenstellendes Leben zu führen, in dem es nun auch einen festen Platz für das Musizieren und Komponieren mit einer eigenen Gitarre gab. Leider wurde er zunehmend von Krankheiten beeinträchtigt, die sein in den Heimen geschädigter Körper nicht mehr ausreichend abwehren konnte. Im April 2024 hörte sein klassenkämpferisches Herz auf zu schlagen.

Das arbeitsintensive Engagement für das „NaO-Projekt" im Jahr 2011 wurde zudem noch überschattet von einem Prozess gegen Karl-Heinz Schubert. Er war als presserechtlich Verantwortlicher von TREND durch den Inhaber eines „Spätis" abgemahnt worden, der die Löschung eines Artikels forderte, weil darin die Arbeitsbedingungen in dessen Laden und die fristlose Kündigung eines Beschäftigten geschildert wurden (86). Nachdem im September die erste Abmahnung eingetroffen war, entstand ein Soli-Bündnis für den entlassenen Kollegen und TREND. Dazu organisierte das Bündnis am 5. Oktober 2011 eine Infoveranstaltung und führte zum Arbeitsgerichtsprozess des gekündigten Kollegen am 20. Oktober 2011 nahe dem „Späti" eine Soli-Kundgebung durch. Der Arbeitsgerichtsprozess endete mit einem Vergleich und die Klage gegen die Onlinezeitung wurde zurückgezogen. Zeitgleich war im AKKA in Zusammenarbeit mit der Gruppe „North East Antifa" die Idee für ein „Teach-in" zu Gerhard Hanlosers Artikel „Paranoide Weltbilder" (87) entstanden. Die TREND-Autoren Bern(h)ard Schmid und Attila Steinberger wollten mit Hanloser über seinen Artikel und die Affinitäten zwischen Rechtspopulismus und antideutschen Ideologien diskutieren. Die Moderation übernahmen Georg Klauda und Karl-Heinz Schubert. In der Ankündigung hieß es:

„Die bisherige Geschichte der BRD ist ohne die Existenz rechtsradikaler Parteien undenkbar. Richtete sich deren Rassismus über viele Jahrzehnte gegen „die Ausländer" schlechthin, entwickelte sich nach dem 11. September 2001 im rechten Lager eine Strömung, die sich auf den Kampf gegen Muslime spezialisierte. Das Besondere daran sind die ideologischen Schnittstellen zu Strömungen der Linken. Deren offene Flanke ins rechtspopulistische Lager ist Resultat eines Jahrzehnts ‚antideutscher' Debatten. Was als Kritik an der vorgeblichen „Volksnähe" von klassenkämpferischen Positionen begann, hat sich längst in ein kulturrassistisches Aussteigerprogramm für angebliche Ideologiekritiker_innen gewandelt. Bislang scheint die Linke nicht fähig oder willens, sich dieser Entwicklung zu stellen und die Flanke ins rechtspopulistische Lager zu schließen." (ebd.)

Gut 150 Leute kamen am 17. Dezember 2011 zu diesem „Teach-in" in den Mehringhof – darunter viele junge Leute aus den verschiedenen linken Strömungen und einige Antideutsche. Bereits im Vorfeld hatten diese versucht, die Veranstaltung durch Fake News zu sabotieren (88). Doch anstelle von antideutschem Krawall gab es eine sachliche Diskussion. Im ersten Halbjahr 2012 spielte der Versuch des AKKA im „NaO-Projekt" eine klassenlinke Ausrichtung zu verankern immer noch eine gewisse

Rolle, obgleich sich ein Scheitern dieses Parteiaufbauprojekts immer mehr abzeichnete, weil sich klassen- und milieulinkes Politikverständnis nicht zu einer antikapitalistischen Politik programmatisch zusammenschließen lassen.

Wohnen und Klassenfrage

Nach dem Rückzug aus dem „NaO"-Prozess traten für die TREND-Redaktion und den AKKA die stadtpolitischen Kämpfe verstärkter in den Mittelpunkt ihrer politischen und publizistischen Praxis. Dazu gehörte vor allem die politökonomische Beschäftigung mit den Verwertungsbedingungen des Immobilienkapitals in Verbindung mit den sich verändernden Klassenstrukturen. Dabei wurden die Erscheinungsformen der staatlich regulierten kapitalistischen Verwertung von Immobilien zum Untersuchungsgegenstand. In Bezug darauf wurden die Bewusstseinsformen der Akteur:innen ideologiekritisch auf diese Verhältnisse zurückgespiegelt.

Unter diesem Blickwinkel stellte Schubert in seiner Nachbetrachtung über die „Konferenz zum sozialen Wohnungsbau" fest, die am 13. November 2012 von Stadtteilinitiativen und dem Berliner Senat konzipiert und durchgeführt worden war:

> „Wer sich nun im Nachgang die Konferenzergebnisse bei Youtube anschaut, wird (leider) unschwer feststellen, dass diese Konferenz nicht mehr war als eine Meuterei auf den Knien. Die MieterInnen und ihre Experten spielten in dieser Aufführung lediglich die Rolle eines stimmungspolitischen Seismographen für den Senat – der ganz gleich wie er parteipolitisch aufgestellt ist – seine strukturpolitischen Leitplanken – so wie beim Umbau des Schulwesens – immer von der Kapitalseite bezieht." (89)

Die Ideologien, die nun seit gut zwei Jahren vom herrschenden politischen Personal verbreitet wurden, um die alltägliche Wut wegen der zunehmenden sozialen Verwerfungen durch herrschaftssichernde rassistische Propaganda im Alltagsbewusstsein auf Minderheiten umzuleiten, veranlassten Anne Seeck und Karl-Heinz Schubert ihre Feststellungen über das Buch von Heinz Buschkowsky (SPD) „Neukölln ist überall" als ideologisches Werkzeug der Formung reaktionären Bewusstseins zur Diskussion zu stellen. Unter dem Titel „Überwachen und Bestrafen" fand in der „Lunte" am 19. November 2012 die erste Veranstaltung statt. Wiederholungen folgten im selben Monat in Pankow und im Wedding. Dort stieß ihre klassenpolitische Einordnung des Sozialdemokraten als „Quartiermacher des Kapitals" auf den milieulinken Einwand, dass eine Dekonstruktion ideologischer Phänomene politisch wirksamer sei als eine klassenpolitische Verortung. Dem Einwand wurde mit dem Hinweis begegnet, dass die Klärung dieser Frage wohl kaum diskursiv erfolgen könne, sondern nur durch eine theorievermittelte politische Praxis. Damit beschäftigte sich dann die nächste TREND-Gesprächsrunde unter dem Titel „Zur Geschichte militanter Untersuchungen in Betrieb & Stadtteil" am 17. Dezember 2012 in der „Lunte". In der Ankündigung hieß es dazu:

„Dieser Veranstaltung liegt die Annahme zugrunde, dass verbindliche sozialemanzipatorische Organisierung in Stadtteil und Betrieb nur durch planvolle und entsprechend organisierte Interventionen in die dortigen Alltagskämpfe entstehen kann. Für diese Praxis benötigen wir einen entsprechenden theoretischen ‚Werkzeugkasten'. Wir denken, dass die Untersuchung im Kontext von Kämpfen und Organisieren ein angemessenes Instrument dafür ist. Wir werden daher die Untersuchungs- und Mobilisierungskonzepte von MaoistInnen und OperaistInnen in ihrem historischen Kontext vorstellen, um darüber zu reden, ob diese Konzepte noch Tragfähiges für den heutigen Organisierungsprozess antikapitalistischer und revolutionärer Kräfte enthalten. Wir wünschen uns, dass an diesem Gespräch auch GenossInnen teilnehmen, die praktische Erfahrungen in der heutigen Betriebs- und Stadtteilarbeit haben." (90)

Es nahmen zwar stadtpolitische Akteur:innen teil, doch das Thema wurde überformt durch einen negativen Bericht von der „Stadtteilinitiative Schillerkiez", die durch ideologische Gruppenrivalitäten faktisch lahmgelegt worden war. In der Auswertung der Veranstaltung kam der AKKA zu der Auffassung, dass diese Rivalitäten nicht als Zeichen eines Niedergangs antikapitalistischer Stadtteilpolitik interpretiert werden sollten, sondern als Umgruppierung innerhalb linker Kräfte, die Widerstand gegen die Randbebauung des Tempelhofer Feldes und damit auch gegen den kapitalistischen Stadtteilumbau leisten. Hier hatte der AKKA auch wieder erleben müssen, dass die Behandlung der Wohnungsfrage als Klassenfrage auf Unverständnis bei Akteur:innen – gerade aus der akademischen Mittelklasse – stieß. Unter diesen konkreten Bedingungen schien es eher zielführend, die Klassenfrage an solch einen Umgruppierungsprozess von außen heranzutragen und nicht an ihm mitorganisierend teilzunehmen. Von daher hatte der Arbeitskreis seine Beschäftigung mit dem Immobilienkapital in den ersten Wochen des Jahres 2013 auf grundlegenden Fragen der kapitalistischen Verwertung von urbanen Grundstücken durch Bebauung, Veräußerung, Verpachtung und Vermietung ausgedehnt. Dabei orientierte er sich an den Untersuchungen von Hans-Georg Bensch zum Verhältnis von Grundrente und Mehrwert. In der Märzausgabe der Onlinezeitung erschienen dann von Schubert seine weiterführenden Thesen (91), womit der Rahmen der nächsten Untersuchungen im AKKA abgesteckt wurde.

Zur gleichen Zeit wurde auf dem Parteitag der DKP ein ideologischer Erosionsprozess in Ansätzen sichtbar, der durch Offenheit für eine Revision überkommener Positionen gekennzeichnet war. Der AKKA entschied sich daher, die Klassenfrage mit Klaus Linder, dem wohnungspolitischen Sprecher der Berliner DKP, zu diskutieren. Das hatte gegenüber einer Veranstaltung mit Milieulinken den Vorteil, dass die Bestimmung des Proletariats als historisches Subjekt hier nicht in Frage stand. Die Veranstaltung fand auch als Teil der Mobilisierung zum 1. Mai in am 25. April 2013 im „Café Commune" statt und wurde durch einen Mitschnitt in der Onlinezeitung dokumentiert (92).

Nach langer schwerer Krankheit starb im Mai 2013 das Redaktionsmitglied Jürgen Brumm. Den Nachruf verfasste Karl-Heinz Schubert und zitierte darin, um die besondere Bedeutung des Genossen für die theoretisch-politische Entwicklung der Onlinezeitung hervorzuheben aus dessen persönlichen Notizen:

"Vernetzung zu anderen Gruppen. Theoretische Arbeit: Aufarbeitung der verschiedenen marxistischen Strömungen. Rückkehr zur originären Marxschen Theorie. Einsicht, dass alle revolutionären Bewegungen des 20. Jahrhunderts zwar den Kapitalismus in seiner Durchsetzungsgeschichte mildern konnten, aber voluntaristisch waren, da die Produktivkräfte längst nicht so weit entwickelt waren, dass sie in einem antagonistischen Widerspruch zu den Produktionsverhältnissen geraten konnten, um mit einer entsprechenden sozialen Bewegung die Megamaschine der Vernutzung des Wertes hinwegzufegen." (93)

Let's talk about class!

Da in den bisher durchgeführten Veranstaltungen die Kapitalverwertung durch Verkauf und Vermietung von Immobilien häufig von den Teilnehmer:innen als lästige marxistische Spezialfrage abgetan wurde, erfolgte im Juni 2013 die Veröffentlichung der bisherigen Arbeitsergebnisse des

AKKA über die Verwertung und Realisierung von Kapital in der Immobilienwirtschaft in einer „schematischen Darstellung" für mögliche weitere Veranstaltungen (94). Bereits ab TREND 5/2013 waren darauf vorbereitend historische stadtteilpolitische Texte veröffentlicht worden, die sowohl an die Wohnungsrevolte in Berlin 1872 als auch an die Berliner Mietkämpfe 1932/33 erinnerten. Ferner wurden Texte über die in Italien entwickelten Widerstandsformen im Stadtteil sowie über den Mietenkampf im Märkischen Viertel Ende der 1960er Jahre veröffentlicht. Hinzu kamen Quellentexte, die sich auf die westberliner Hausbesetzer:innenbewegung zwischen 1981 und 1983 bezogen (95). Ergänzt wurde diese Übersicht durch Anne Seecks Vortrag, gehalten auf der Veranstaltung „Neue Widerstandsformen braucht das Land?!" am 28. Juni 2013 im Mehringhof. Darin ging sie auf die jüngere Geschichte der Sozialproteste ein. Ihre Eingangsthese lautete:

> „Es gibt genug Protestformen, diese erweitern sich beständig. Aber die Erwerbslosenbewegung ist arm an Protestformen: sie könnte von anderen sozialen Bewegungen viel lernen." (96)

Diese Aktivitäten standen in einem inhaltlichen Zusammenhang mit der Erstellung einer Zwischenbilanz zum Stand der theoretischen Arbeit im AKKA und dienten auch als Hinführung zu einer vierteiligen Veranstaltungsreihe, die sich der wichtigen Grundfrage antikapitalistischer Politik widmen sollte – nämlich ihrer Klassenorientierung. Sie sollte unter dem Titel „Let's talk about class!" in der Herbst- und Winterzeit 2013/14 laufen. Ihre thematische Struktur hatten der AKKA und Genoss:innen der Gruppe „North East Antifa (NEA)" erarbeitet. In der Ankündigung der Reihe hieß es zur Begründung:

> „Die Klassenstrukturen mögen zwar komplexer und damit auch unübersichtlicher geworden sein, aber das ändert nichts daran, dass die kapitalistische Produktionsweise mitsamt ihren Prinzipien und Zielsetzungen im Wesentlichen die gleiche geblieben ist und dass damit auch die von ihr ausgeübte Gewalt, die für eine ‚soziale Ausdifferenzierung' sorgt, unverändert fortbesteht."(97)

Als ideologiekritische Hinführung auf die Themen dieser Veranstaltungsreihe unterzog Schubert das damals in linken Kreisen stark gelesene Buch von David Harvey „Rebellische Städte" einer Durchsicht und stellte in seiner Veranstaltung in der „Lunte" eine Woche vor dem Start der „Let's talk about class!-Reihe" seine Befunde zur Diskussion (98). Der ersten Veranstaltung dieser Reihe mit dem Titel "Lohnarbeit & Kapital" im

„Zielona Gora" wurde dann der Frage nachgegangen, ob und inwieweit die Marxsche Kritik der politischen Ökonomie noch Grundlage einer historisch-materialistischen Klassentheorie ist (99). Am selben Tag wurde durch ein Interview mit Schubert in der „Tageszeitung (taz)" auf diese Veranstaltung in der „Tageszeitung (taz)" hingewiesen (100). Das führte dazu, dass er zu einer Gesprächsrunde von der Piratenpartei über „Anarchismus – Marxismus" im November 2013 eingeladen wurde. Dieses Gespräch wurde als Video für die Parteiarbeit aufgezeichnet. (101).

In der zweiten Veranstaltung der Reihe referierte im Blauen Salon des Mehringhofes Guenther Sandleben vom AKKA am 21. Dezember 2013 ausgehend von dem Gegensatz zwischen Lohnarbeit und Kapital als dem ökonomischen Grundverhältnis der kapitalistischen Gesellschaftsformation über die verschiedenen Klassenfraktionen der Bourgeoisie. Dazu wurde mit der Veranstaltungsankündigung ein umfangreiches Papier von Sandleben bei TREND ins Netz gestellt, worin nicht nur die verschiedenen Fraktionen der im jetzigen Kapitalismus herrschenden Klasse, sondern auch deren ökonomischen Motive anhand ihrer aktuellen Krisenpolitik aufgezeigt wurden (102). Nach den Erfahrungen mit diesen beiden Veranstaltungen, die übrigens jeweils an anderen Orten wiederholt wurden, schien sich wieder zu bestätigen, dass für eine Klassenpolitik in den linken stadtpolitischen Spektren der politisch-ideologische Resonanzboden weiterhin gering entwickelt war. Von daher musste das redaktionelle Konzept des „von außen Herantragens" eines marxistischen Gesellschaftsbegriffs an Bewegungspolitik durch aufklärende Veranstaltungen einer Überprüfung unterzogen werden.

Infolgedessen entstand die dritte „Let's talk about class!"-Veranstaltung mit Georg Klauda als Referenten. In der Veranstaltung sollte das Fazit seiner ideologiekritischen Sichtung der zivilisationskritischen Ansichten von Adorno und Lukács im Mittelpunkt stehen':

„Dass diese Autoren soziale Ungleichheit in die Peripherie des Marxschen Denkens abdrängen, erweist sich dabei nicht nur als grundlegendes Missverständnis, sondern auch als einer der Hauptgründe für die wiedergewonnene Attraktivität der Kritischen Theorie in den neoliberal geprägten 90ern." (103)

Diese Diskussionsveranstaltung im „Café Größenwahn" erwies sich im Januar 2014 als so erfolgreich, dass sie im Februar 2014 in der „Lunte" wiederholt werden musste und mit insgesamt über 80 Teilnehmer:innen ausgesprochen gut besucht war. Abgeschlossen wurde die Reihe im März durch eine Veranstaltung mit Alfred Müller, der als marxistischer Krisentheoretiker der Freiwirtschaftslehre des Silvio Gesell unter dem Motto „Marx kontra Gesell" mit seinen Thesen politökonomisch entgegentrat.

Stadtteil- und Wohnungspolitik

Der AKKA beschloss nach Abschluss dieser Veranstaltungsreihe, zukünftig Themenschwerpunkte enger mit solchen Themenfeldern zu verknüpfen, die sich in der Praxis linker stadtpolitischer Akteur:innen widerspiegelten bzw. diese bestimmten. Durch diese Entscheidung veränderte sich auch das Verhältnis zwischen Arbeitskreis und Redaktion, indem ein regelmäßiges, gemeinsames Plenum eingerichtet wurde. Die neuen Arbeitsstrukturen führten auch insgesamt zur Verstärkung der Bemühungen im Hinblick auf die Verbreitung eines dialektisch-materialistischen Geschichtsverständnisses.

Gleichermaßen vertieften sich die bestehenden politischen Beziehungen mit der „Lunte". Andrea Eismann aus dem „Lunte"-Projekt arbeitete nun verstärkt im „AKKA-Plenum" und der Reaktion mit. Im Mai 2014 organisierte sie federführend eine Veranstaltung im Mehringhof über den fünfjährigen Kampf zur Öffnung des Tempelhofer Feldes (104). In Vorbereitung dazu führte sie mit im Schillerkiez ansässigen Aktivist:innen von „Tempelhof für Alle" und „100 % Tempelhofer Feld" ein ausführliches Interview über ein Stück „Kiezgeschichte am Flughafenzaun" (105). Dadurch angeregt schlug sie vor, sich mit der akademischen Mittelschicht näher zu befassen, die offensichtlich die Politik der stadtteil- und wohnungspolitischen Initiativen ideologisch immer mehr dominierte. Ihr Vorschlag wurde vom Plenum begrüßt und führte zu einer Beschäftigung mit den als relevant angesehenen Veröffentlichungen zur Lage und Lebensweise der (akademischen) Mittelschichten in den kapitalistischen Gesellschaften des 21. Jahrhunderts (106).

Anknüpfend an Alfred Müllers Gesell-Kritik beschäftigte sich der AKKA mit einer politökonomischen Kritik am Konzept des Mietshäusersyndikats und am „Erbbaurecht", um diesen Surrogaten für eine pseudoantikapitalistische Lösung der immer brennender werdenden Wohnungsfrage entgegenzutreten. Dazu wurden in der Onlinezeitung Texte von Guenter Sandleben und Karl-Heinz Schubert in der April- und Maiausgabe 2014 veröffentlicht. Sie wurden danach durch Hinweise auf die ideologischen Querverbindungen zwischen kapitalaffinen Konzepten und der Soziallehre von Rudolf Steiner ergänzt. Im Nachgang dazu wurden in den Folgemonaten weitere „Texte zur Philosophie" veröffentlicht, die die

Denkweise des historischen und dialektischen Materialismus vermittelten und erläuterten. Hierbei ging es vor allem um Fragen der Erkenntnistheorie (107) und auch um ideologische Abgrenzungen zur „Kritischen Theorie" bzw. zur „Neuen Marx-Lektüre". Im Zusammenhang damit entstand Anfang 2015 die Idee für eine TREND-Veranstaltung mit Karl Reitter zu dem von ihm herausgegebenen Buch, die dann am 19. Mai 2015 im „Größenwahn" stattfand. In der Werbung zur Buchvorstellung veröffentlichte die Onlinezeitung einen Text von Georg Klauda, in dem es über eine linksradikal interpretierte „Kritische Theorie" heißt:

> „Für Lukács wie auch Adorno bleiben soziale Ungleichheit, Ausbeutung, Klassenverhältnisse trotz ihres vehementen Linksradikalismus ganz äußerliche Fragen. Entfremdung ist universell, nicht auf eine Klasse beschränkt. Sie erscheint im Zwang des Arbeiters, seine eigene Arbeitskraft als Ware anzubieten, nur auf die Spitze getrieben, aber nicht qualitativ verschieden von der Erfahrung des Bürgertums. Zugleich wird die Arbeiterklasse für Lukács zum Hegelianischen ‚Subjekt-Objekt' der Geschichte, das das verdinglichte Gehäuse in der Revolution zerbricht. Sie erscheint wie der Ritter auf dem Schimmel, von außen kommend, mit der Mission, das bürgerliche Subjekt aus seiner existenziellen Drangsal zu erlösen. Vor diesem Hintergrund ist überhaupt nur verständlich, wie man von der Arbeiterklasse persönlich ‚enttäuscht' werden und sich, wie die Kritische Theorie nach Lukács, von ihr abwenden kann, ohne dass dies irgendetwas am Modus der Kritik verändern würde. Die messianische Figur des Erlösers kann rhetorisch erhalten bleiben, auch wenn sie nicht länger mit einem konkreten historischen Subjekt wie dem Proletariat zu identifizieren ist." (108)

Im März 2015 hatte ein Verein namens „Mietenvolksentscheid" bekannt gegeben, dass er beabsichtige, mit Hilfe eines Volksbegehrens ein "Berliner Wohnraumversorgungsgesetz" auf den Weg zu bringen. Bereits nach acht Wochen – anstatt der zulässigen Frist von sechs Monaten – konnten knapp 50.000 Unterschriften übergeben werden, mehr als doppelt so viele wie benötigt, denn politische Unterstützung gab es sofort aus den Reihen der Piratenpartei, von den Grünen und der Linkspartei. Ebenso vom außerparlamentarischen Spielbein der Linkspartei, der „interventionistischen Linken (iL)" sowie von trotzkistischen Kräften, die in der Partei „Die Linke" aktiv waren. Dieses durchschlagende Ergebnis führte unmittelbar zu „geheimen" Sondierungsgesprächen zwischen sozialdemokratischen Kräften aus dem Berliner Senat und Aktivist:innen des

Plebiszits. Letztere verkündeten im August 2015 überraschend, dass sie ohne durch ein Mandat von ihren Gremien ausgestattet gewesen zu sein, dem Senat zugesichert hätten, das Plebiszit nicht mehr weiter zu führen. Denn – so ihre Mitteilung – die Senatsbeauftragten hätten ihrerseits zugesagt, dass der Senat das angestrebte Gesetz in der Art eines „Mietendeckels" selber auf den Weg bringen werde (109).

Auch das AKKA-Plenum hatte sich ausführlich mit dem wohnungspolitischen Plebiszit auseinandergesetzt. Dazu veröffentlichte es seine Kritik zwischen April und Juli 2015. In Verbindung damit fanden im August Veranstaltungen mit Karl-Heinz Schubert statt, der die tragenden Erwägungen der Kritik an dieser Kampagne in Berliner Stadtteilläden zur Diskussion stellte (110). Sie wurden durch entsprechende Veröffentlichungen in der Onlinezeitung begleitet. Dazu gehörte eine Kritik des Immobilienkapitalismus sowie die Veröffentlichung entsprechender Gegenkonzepte aus der Geschichte der Arbeiter:innenbewegung. Begonnen hatte dies bereits im März 2015 mit dem virtuellen Reprint des Entwurfs für ein „Siedlung-, Bau- und Wohnungsprogramm der Kommunistischen Partei Deutschlands" aus dem Jahre 1922. Hinzu kamen im Laufe des Jahres Texte zur Geschichte der kapitalistischen Stadtplanung, der Bodenreform in der Sowjetischen Besatzungszone 1946 und den Kämpfen für ein Kinderkrankenhaus in Berlin-Kreuzberg in den 1970er Jahren (111). Das ergänzende marxistische Grundwissen zur Bodenfrage und zur Grundrente wurde begleitend in der Rubrik „Texte zur Ökonomie" veröffentlicht, die sich jetzt komplettiert im Archiv (112) befindet. Trotz dieser Bemühungen zeigte sich auf den TREND-Veranstaltungen und in den Gesprächen im „Lunte-Spektrum", dass bei den meisten wenig oder gar kein Wissen über die Geschichte ihrer Klasse d.h. über die Stadtteilkämpfe – speziell der wohnungspolitischen Kämpfe – vorhanden war. Aufgrund dessen sollten Berichte und Einschätzungen zum kapitalistischen Stadtumbau und den Stadtteilkämpfen auch weiterhin zentrale Bedeutung für das publizistische Konzept von TREND haben (113).

20 Jahre Onlinezeitung

Im Laufe des Jahres 2015 begann sich die Zahl der Asylsuchenden in Europa deutlich zu erhöhen. Im September stellten Flüchtlinge aus Syrien speziell in der BRD die Mehrheit aller Erstantragsteller, sodass die Bundesregierung in Absprache mit den anderen EU-Staaten die deutschen Grenzen für die Zuflucht Suchenden vorübergehend öffnen ließ. Dies war kein besonderer Akt von Humanität, sondern sicherte in erster Linie der

BRD auch in dieser Frage die politisch-ideologische Vormachtstellung in der EU ab. Die Redaktion reagierte auf diese Heuchelei im November 2015 mit der 10teiligen historischen Textsammlung „Im Wartesaal", die bis zum August 2016 fortgeführt wurde.

Ebenfalls im November begann bei TREND eine interne Diskussion über die inhaltliche Gestaltung des 20jährigen Jubiläums. Zum einen galt es die Erfahrungen mit dem Mietenvolksentscheid auszuwerten, denn ein nicht unerheblicher Teil der stadtpolitischen Projekte, die sich als radikaldemokratisch bzw. antikapitalistisch begriffen, hatten sich als Fußvolk für ein reformistisches Wohnraumversorgungsgesetz einspannen lassen. Ein anderer Aspekt war die seit 2014/15 stattfindende Umwandlung postautonomer Gruppen in kommunistische Organisationen. Im Raum Frankfurt/Main gründete sich z.B. der „Kommunistische Aufbau". In Hamburg ging aus der Gruppe „Rote Szene Hamburg" der „Rote Aufbau" hervor. In seiner Erklärung stellte sich letzterer unmissverständlich in die Tradition der Geschichte der Arbeiter:innenbewegung, wie sie einst durch die KPD verkörpert wurde:

> „Unsere Schritte müssen den Weg weitergehen, den etwa die ehemalige Kommunistische Partei Deutschlands (KPD) und die Sowjetunion bereits eingeschlagen haben. In Deutschland gibt es aktuell keine revolutionäre, bundesweit agierende Organisation. In verschiedenen Städten gibt es Gruppen, die kontinuierlich kommunistische Arbeit leisten. In Hamburg ist somit der nächste Schritt, dass wir Gruppenstrukturen aufbauen, die im Stadtteil, Betrieb, Verein, Schule oder Uni eine Kleinarbeit entwickeln. Hierbei müssen wir die Interessen unserer Klasse am konsequentesten vertreten und aufzeigen, dass wir es ernst meinen mit der Revolution. Politik ist für uns kein Hobby oder Zeitabschnitt während des Studiums. Es ist ein elementares Bedürfnis der Veränderung dieses Systems und tiefste Sehnsucht nach einer Gesellschaft ohne Ausbeutung und Unterdrückung. Wir müssen den Menschen vermitteln, dass sie uns vertrauen können." (114)

Sowohl mit der Luftnummer „Mietenvolksentscheid" als auch mit dem Übergang von Gruppen aus dem postautonomen Spektrum auf kommunistische Positionen waren erneut grundsätzliche Fragen einer politischen Organisation mit antikapitalistischem Anspruch aufgeworfen. Daher sollte diesen Fragen auch auf dem Veranstaltungswochenende für das

20jährige TREND-Jubiläum mit dem Titel „Programm und Politik" nachgegangen werden. Im Einzelnen war geplant, die Vorträge und Diskussionen durch drei Schwerpunkte zu strukturieren:

> „Brauchen wir für eine sozialemanzipatorische Politik im ‚Hier und
> Jetzt' als Orientierung einen Entwurf für eine nichtkapitalistische
> Gesellschaft, der sich aus der Kritik der herrschenden ökonomischen
> und politischen Verhältnisse ableitet? Braucht sozialemanzipatori-
> sche Politik ein Programm, damit sie sich nicht auf eine Politik der
> ‚ersten Person' verkürzt? Auf welche Erfahrungen der Arbeiter:innen-
> bewegung können wir dabei zurückgreifen?

> Ist die Marxsche Kritik der politischen Ökonomie noch eine hinrei-
> chende Grundlage für die Arbeit am Programm? Oder muss es eine
> ‚neue Kapitallektüre* geben? Wie verhält es sich mit den den soge-
> nannten Haupt- und Nebenwidersprüchen? In welchem Beziehungs-
> geflecht stehen Marxismus und Feminismus?

> Wie gehen wir mit dem Problem der Ungleichzeitigkeit von Theorie-
> entwicklung und politischer Praxis um? Wie können wir vermeiden,
> dass unsere politische Praxis nicht durch programmatische Defizite
> zur Politikberatung der herrschenden Klasse verkommt, sondern wi-
> derständig und transformativ bleibt? Was heißt das für eine breite
> Bündnispolitik?" (115)

Das Veranstaltungswochenende zum 20jährigen TREND-Jubiläum
wurde am Freitagabend, den 29. Januar 2016 im Veranstaltungssaal des
„Größenwahn" von Georg Klauda, AKKA-Mitglied und „Blogsport"-Ad-
min, eröffnet. In seinen Thesen nahm er Bezug auf neue hybride Internet-
nutzungsmöglichkeiten für die politische Arbeit im Vergleich zu einer rein
textorientierten Nutzung des Internets. Mit ihm sprachen darüber Mag
Wompel vom „Labournet" und Karl-Heinz Schubert über Blogs sowie
Selbstdarstellungs-und Verlautbarungsplattformen wie Facebook oder
Twitter und deren Bedeutung für die Kommunikationsstrukturen linker
Netzprojekte. An den beiden folgenden Tagen bildete die Auseinandersetzung mit der Kritischen Theorie den Schwerpunkt. In der Debatte wurde
das Thema noch um die Kritik an den poststrukturalistischen Einflüssen
in linksradikalen Zusammenhängen erweitert, die nach Auffassung von
Georg Klauda ein Grundproblem für eine kommunistische Organisierung
auf der Höhe der Zeit darstellen. Detlef Georgia Schulze als eine vom de-
konstruktivistischen Feminismus beeinflusste Vertreter:in des „struktu-

ralen Marxismus" legte dazu kein eigenes Gegenreferat vor, sondern beschränkte sich darauf Georg Klauda zu kritisieren. Der hatte in seinem Referat „Haupt- und Nebenwiderspruch revisited" dargestellt, wie durch milieulinke Umdeutungen unterschiedlicher Diskriminierungsverhältnissen der Blick auf das gesellschaftsbestimmende Grundverhältnis zwischen Lohnarbeit und Kapital versperrt wird und einer revolutionär-antikapitalistischen Politik entgegenwirkt.

Mit der Frage nach den theoretischen Leitplanken einer zeitgenössischen kommunistischen Organisierung beschäftigte sich Frank Braun. Er hatte sich nach der Auflösung der „SoKo" der DKP zugewandt hatte, und zeigte anhand deren aktueller Parteidebatte, dass dort mit einer programmatischen Erneuerung kaum zu rechnen sei. Die Programmfrage bildete dann auch für die Schlussveranstaltung mit dem Titel „Die Mühen der Ebenen" den inhaltlichen Bezugspunkt für eine Gesprächsrunde über Betriebsarbeit mit Kolleg:innen von Amazon und der Charité sowie mit Aktivist:innen aus Stadtteil-Initiativen.

In der Auswertung des Wochenendes griffen der AKKA und die Redaktion Georg Klaudas Wertung der Kritischen Theorie als ein „Marxismus ohne Klassen" auf und veröffentlichten deshalb zwischen Mai und August 2016 in der „Kritischen Theorie" vergessene Kritiken an Georg Lukács „Geschichte und Klassenbewusstsein", die 1924 unmittelbar nach dem Erscheinen seiner Schrift in Wien in dem kommunistischen „Verlag für Politik und Literatur" publiziert worden waren (116).

Des Weiteren beschäftigten sie sich noch einmal genauer mit Einschätzungen, die Frank Braun auf dem Jubiläum im Hinblick auf den Zusammenhang von „Klasse & Partei" anhand der DKP und auch bezogen auf seine ehemalige Mitgliedschaft in der maoistischen KPD (aufgelöst 1980) formuliert hatte. Sie bildeten 2016 den Ausgangspunkt für eine Textauswahl, die in mehreren TREND-Ausgaben veröffentlicht wurde (117). Mit ihr sollte verdeutlicht werden, dass eine revolutionäre Partei grundsätzlich nicht mit der Arbeiter:innenklasse identisch ist, sondern durch Verankerung in der Klasse eine widersprüchliche Einheit mit ihr bildet. Die Redaktion wollte damit unterstreichen, dass dies bereits im Parteibildungsprozess zu berücksichtigen sei, wenn es das politische Ziel sein soll, „eine wirkliche gesellschaftliche Dialektik" (il manifesto) hervorzurufen und Partei und Klasse für die Aufhebung des Kapitalismus organisatorisch zusammenzuschließen.

Da die Redaktion es ebenfalls für bedeutsam hielt, auf das 50jährige Jubiläum der „Kulturrevolution" einzugehen, verbanden sich diese beiden Themenfelder ein stückweit in der Parteifrage. Zumal die Beschäftigung mit diesem Thema 2016 keine abstrakte Angelegenheit war. Seit 2015 gab es nämlich im Internet die Veröffentlichungsplattform „Dem Volke dienen", die Texte und Nachrichten von marxistisch-leninistischen-maoistischen Gruppen veröffentlichte. Die Plattform grenzte sich als „MLM" Strömung deutlich von der MLPD ab und ihre Beiträge waren ideologisch entweder von Bob Avakians Revolutionary Communist Party (USA) oder von Abimael Guzmáns Sendero Luminoso (Peru) inspiriert. Die „MLM-Plattform" wurde von Schubert in der TREND- Februarausgabe 2016 vorgestellt. Daraus erwuchs seine Idee ergänzend zur textlichen Erinnerung an die Kulturrevolution auch auf die eskapistische Rezeption der „Mao Tse-tung Ideen" durch die Jugend- und Studierendenbewegung in Westberlin in der 1960er Jahren zu verweisen:

> „Insofern erscheint mir unter den gegenwärtigen Bedingungen der Abwesenheit einer revolutionären Organisierung der Klasse in den Metropolen der Wiederbelebungsversuch des Maoismus als eine Art von Flashback des Voluntarismus, wie er weiland von der Student:innenbewegung praktiziert wurde. Denn so wie damals organisiert sich der Maoismus nicht auf der Grundlage einer nach maoistischen Prinzipien geführten Untersuchung der Klassenverhältnisse, sondern überspringt diese Etappe des Parteibildungsprozesses erneut durch subjektivistische ‚ex ärmelo‘ Einschätzungen". (118)

Eine dazu von ihm erstellte Textsammlung mit dem Titel „Wie der Maoismus nach Westberlin kam" erschien in der TREND-Juniausgabe und wurde in den Folgemonaten ergänzt. Auf Einladung der „North-East Antifascists" referierte er am 8. Juli 2016 im Stadtteilprojekt „Bunte Kuh" in Berlin-Weißensee gestützt auf Quellen und persönliche Erlebnisse über die Rezeption der „Mao Tsetung Ideen" in den Anfängen der 1968er Bewegung. Die Veranstaltung wurde im Oktober in der „Lunte" wiederholt, weil sich 2014 in Neukölln hervorgegangen aus (post)autonomen Zusammenhängen eine Gruppe namens „Jugendwiderstand" (119) gebildet hatte, die drapiert mit maoistischem Vokabular und militanten Gehabe stadtweit von sich reden machte. Auf beiden Veranstaltungen waren Mitglieder dieser Gruppe anwesend und sorgten durch ihre Beiträge zu einer lebendigen Kontroverse mit dem Referenten über die Bedeutung des Maoismus für den heutigen Klassenkampf in den Metropolen.

Laut NDR gehörte im Juli 2016 das Buch von Didier Eribon „Rückkehr nach Reims" zu den maßgeblichen Sachbüchern des Monats und der „Spiegel" geriet darüber ins Schwärmen, wie es Eribon gelingen konnte, mit seinem Buch eine "neue Lesart von Linkssein" zu entwickeln. Dieses Prädikat verlängerte sich quasi als Selbstläufer bis in milieulinke Spektren. Angeregt durch Georg Klaudas ideologiekritische Sichtung der Intersektionalität auf dem TREND-Jubiläum und deren zunehmende Verbreitung als Lehre von sich kreuzenden Unterdrückungslinien im heutigen Kapitalismus verfasste Karl-Heinz Schubert dazu eine Buchbesprechung. Sein Fazit lautete:

„Würde mensch aus der Perspektive der BRD-Parteienlandschaft dem Eribon mit Bezugnahme auf sein Rückkehr-Buch ein politisches Etikett verpassen, dann wäre er irgendwo zwischen SPD und Grünen anzusiedeln. Für Linke kann es deshalb nur heißen: Eribon – nein danke!" (120)

Seinen Befund stellte er im Dezember 2016 in einer Veranstaltung mit dem Titel „Sich selbst neu erfinden als Ziel" in der „Lunte" zur Diskussion. Ihm ging es vor allem darum, im nordneuköllner postautonomen Spektrum gegen Eribons Gedankenkitt aus Kritischer Theorie, (Post-)Strukturalismus und Foucaultschen Versatzstücken ideologiekritisch Front zu machen.

1917 – Aus der Geschichte lernen

Bedingt durch die kommenden Jahrestage in 2017 und 2018 standen nach dem 20jährigen Jubiläum erneut Fragen zum Verhältnis von Programm und Partei auf der Agenda. Denn für die beiden Jahrestage sollte in der Onlinezeitung eine Textsammlung bereitgestellt werden, um an jene historisch bedeutsamen Kämpfe für die soziale Emanzipation zu erinnern. In der Januarausgabe 2017 veröffentlichte dazu die Redaktion als Prolog „Über den Begriff der Geschichte", ein digitalisiertes Essay von Walter Benjamin, in dem er exemplarisch Auskunft über Erkenntnisinteresse und -ziele einer materialistischen Geschichtsauffassung gibt.

„Vergangenes historisch artikulieren heißt nicht, es erkennen wie es denn eigentlich gewesen ist. Es heißt, sich einer Erinnerung bemächtigen, wie sie im Augenblick einer Gefahr aufblitzt. Dem historischen Materialismus geht es darum, ein Bild der Vergangenheit festzuhalten, wie es sich im Augenblick der Gefahr dem historischen Subjekt unversehens einstellt. Die Gefahr droht sowohl dem Bestand der Tradition wie ihren Empfängern. Für beide ist sie ein und dieselbe: sich zum Werkzeug der herrschenden Klasse herzugeben. In jeder Epoche muß versucht werden, die Überlieferung von neuem dem Konformismus abzugewinnen, der im Begriff steht, sie zu überwältigen. Der Messias kommt ja nicht nur als der Erlöser: er kommt als der Überwinder des Antichrist. Nur *dem* Geschichtsschreiber wohnt die Gabe bei, im Vergangenen den Funken der Hoffnung anzufachen, der davon durchdrungen ist: auch die Toten werden vor dem Feind, wenn er siegt, nicht sicher sein. Und dieser Feind hat zu siegen nicht aufgehört." (121)

In seinem Sinne verstand die Redaktion den Begriff des Erinnerns an historische Prozesse nicht als subjektivistischen Versuch des „Neudenkens", um historische Fakten für den aktuellen politischen Gebrauch passend zu machen, sondern als Aufforderung, die heutigen Klassenverhältnisse als historische Resultate zu verstehen, um an den gegenwärtigen Klassenkämpfen nicht voraussetzungslos teilnehmen zu müssen. Bemächtigung einer „Erinnerung" bedeutete daher konkret für die Redaktion, das Thema 100 Jahre Oktoberrevolution in der Januarausgabe 2017 mit einem Beitrag von H. Gevorkian über den Ungarnaufstand 1956 zu beginnen (122), der Anlass zu sehr unterschiedlichen Erinnerungsperspektiven über die Oktoberrevolution und die seit 1989 untergegangenen nominalsozialistischen Staaten gibt. Der Artikel war ein Reprint, der zuvor von der trotzkistischen Gruppe „Klasse gegen Klasse" veröffentlicht worden war. Einen zweiten Erinnerungsanlass zur Oktoberrevolution sah die Redaktion in dem Zusammenhang zwischen den „Moskauer Prozessen" von 1936 bis 1938 und dem marxistisch-leninistischen Partei- und Staatsverständnis. Auch dazu erfolgten entsprechende Veröffentlichungen, bevor im Februar 2017 mit dem Aufbau der Textsammlung zum 100. Jahrestag der Oktoberrevolution begonnen wurde (123). Im Editorial 02/2017 wurde der Start der Sammlung bekanntgegeben und das redaktionelle Erkenntnisinteresse begründet:

„Nicht nur für die Old-School-Linke, sondern auch für das neu entstehende Spektrum, das klassenbezogen die Organisationsfrage und damit auch die Revolutionsfrage diskutiert, (…) steht im laufenden Jahr die Oktoberrevolution im Zentrum ihrer Erinnerungsarbeit. Leider droht angesichts solcher theoretischer Ödnis, (…), dass sich die Erinnerungsarbeit ‚100 Jahre Oktoberrevolution' zu einer Nostalgieveranstaltung verkürzt, damit nicht über das Resultat geredet werden muss. Wir werden von daher ab dieser Ausgabe Texte zur Oktoberrevolution veröffentlichen, wodurch diese als erster Kulminationspunkt im Prozess der globalen Aufhebung der kapitalistischen Produktionsweise untersucht werden kann. Schließlich geht es nach 100 Jahren Niederlagen für bewusste Aufhebungsversuche darum, aus der Geschichte mit der Perspektive ‚nach vorn‘ zu lernen. Und wie es die chinesischen Genossi:nnen am Beispiel der ‚Stalinfrage‘ formulieren: Positive und negative historische Erfahrungen auf korrekte Art und Weise zu gewinnen. Korrekt kann im marxistischen Sinne nur bedeuten, den gesellschaftlichen Prozess, den es zu untersuchen gilt, als Prozess in einer gesellschaftlichen Totalität zu begreifen, die ihrerseits die materiellen Verhältnisse als in ‚letzter Instanz‘ bestimmende Basis einschließt.“ (124)

Neben der redaktionellen Konzentration auf die Geschichte arbeiteten Sandleben und Schubert auf ihren jeweiligen Theoriefeldern der Kritik der politischen Ökonomie weiter. Im Februar 2017 veröffentlichte TREND einen Beitrag von Guenther Sandleben, der sich mit dem unter Linken populären Schlagwort vom „finanzmarktgetriebenen Kapitalismus“ kritisch auseinandergesetzt hatte und zu dem Ergebnis gekommen war, dass die Lehre vom finanzmarktgetriebenen Kapitalismus – selbst in den marxistischen Variationen – nicht über das theoretische Feld bürgerlicher Argumentationsweisen hinausgekommen ist:

„Sie hat mit der Marxschen Kritik der politischen Ökonomie nur insofern etwas zu tun, als sie diese in apologetischer Absicht bürgerlich uminterpretiert und dabei verfälscht. Unter falscher Flagge wird gesegelt. Solche Fälschungsversionen bilden Blockaden in der Aneignung der Kritik der politischen Ökonomie und eines kritischen Verständnisses des Bestehenden.“ (125)

Schubert berichtete anhand zweier Berliner Großbauvorhaben in seinem Beitrag, der im August veröffentlicht wurde, auf welchen Wegen Extraprofite aufgrund gestiegener Bodenpreise im Wohnungsbau generiert werden. Außerdem stellte er dar, wie die „rot-rot-grüne“ Stadtregierung auf dem Gebiet des Schulneubaus mit ihren städtischen Wohnungsbaugesellschaften ganz gezielt die Profitmacherei mittels einer privatkapitalistisch organisierten „Projektsteuerungsgesellschaft“ in Angriff genommen hatte. Seine düstere Prognose lautete: „... und wenn diese famose Tochtergesellschaft, wie weiland die Bankgesellschaft Berlin in Zwang gerät, dann werden eben privatkapitalistische Gläubiger fortan Eigentümer dieser Schulen.“ (126)

Ab Mitte 2017 wurden die Arbeitsbeziehungen zwischen Redaktion und AKKA notwendigerweise enger, denn zuvor hatten mehrere Genoss:innen aus unterschiedlichen Gründen den AKKA verlassen. Detlev Kretschmann hatte sich vollends bei der stadtweit agierenden wohnungspolitischen Initiative „Kotti & Co." eingebracht. Anne Seeck musste sich auf ihr Teilhabeprojekt konzentrieren. Matze Schmidt zog aus beruflichen Gründen nach Kassel und schaute nur noch punktuell vorbei, wenn er in Berlin war. Für John B. aus dem Berliner Norden war die dortige Antifa-Arbeit zu seinem Hauptschwerpunkt geworden. Daraus ergab sich ein anders strukturierter Zusammenhang für die redaktionelle Arbeit, zu dem inzwischen Sebastian Stegner neu hinzugekommen war. Diese Struktur und ihre personelle Zusammensetzung bestanden übrigens bis zur letzten Ausgabe von TREND im Januar 2021.

Als Ergänzung zur ideologiekritischen Demontage der neulinken Ikone Didier Eribon im vergangenen Jahr konnte im Juni 2017 die Redaktion die deutsche Übersetzung eines CIA-Forschungsberichts von Andrea Eismann ins Netz stellen, in der am Beispiel Frankreichs der 1980er Jahre dargestellt wird, wie durch die „strukturalistische Schule, zu der Claude Levi-Strauss, Foucault und andere gehören" marxistische Theorien in den Sozialwissenschaften diskursiv verdreht und entschärft werden (127).

Unter der Losung „Ein neues Drehbuch braucht das Land" wurde im Editorial der Augustausgabe von einem Zwiegespräch mit einem Leser über politisch strategische Schlussfolgerungen aus den historischen Erfahrungen mit der Oktoberrevolution berichtet. Als Quintessenz wurde festgestellt, dass heute „dieses Drehbuch kein Schreibtischprodukt einer Theorie-Elite sein kann, sondern aus den ökonomischen und politischen Kämpfen der proletarischen Klasse erwachsen muss". In diesem Sinne wurde auch das marxistisch-leninistische Parteikonzept als nicht hinreichend für heute betrachtet, „da die klassensoziologischen und -kulturellen Bedingungen, die dieser Theorie zugrunde liegen, sowie die Formen der damaligen kapitalistischen Verwertung der Ware Arbeitskraft nebst dazugehöriger politischer Spielregeln heute durch andere Formen abgelöst wurden." (128)

Mit Bezugnahme auf dieses Gespräch übersandten Wolfram Bücker und Willi Gettél für die Septemberausgabe 2017 einen Beitrag, der in Thesenform inhaltlich daran anknüpfte. Sie skizzierten in ihren Überlegungen die objektive Überreife des "Spätkapitalismus" und konzentrierten sich dabei auf den "subjektiven Faktor". Für diesen gesellschaftsbestimmenden Zusammenhang formulierten sie quasi programmatisch:

"Mit drei Illusionen ist primär aufzuräumen: dass das bürgerliche Parlament Tribüne der Revolution sei: dass durch Reformen eine gerechte Gesellschaftsordnung erreicht werden könne: dass die Partei alten Typs die Vorhut des Proletariats sei." (129)

Und im Hinblick auf eine vermeintliche Aktualität eines marxistisch-leninistischen Parteikonzepts stellten sie fest:

"Das Proletariat der führenden westlichen Länder hat eine lange historische Phase bürgerlicher Demokratie hinter sich. Es wird keinen Sinn darin sehen, sich altbackenen Parteireglementierungen unterzuordnen, die basisdemokratische Strukturen ausschließen. Die aber sind notwendig, die Komplexität heutiger Verhältnisse zu erfassen. Allwissende Funktionäre, die zwar verstehen, sich jahrzehntelang an der Macht zu halten, sind Relikte aus vergangenen Zeiten. Innerparteiliche Demokratie und hierarchische Machtverhältnisse sind miteinander nicht vereinbar .... Eine Partei, die eine höhere, eine sozialistische Demokratie anstrebt, muss sie hier und heute schon vorleben. Hält sie aber einen Sozialismus hoch, der mit Demokratie nichts zu tun hatte, und bleibt bei ihrem grundsätzlich nicht veränderten Parteiapparat, hat sie einer westlich geprägten Gesellschaft im Grunde nichts Neues, geschweige denn Erstrebenswertes zu sagen." (ebd.)

Dieser Beitrag führte von September 2017 bis zum Jahresende zu mehreren theoretisch anspruchsvollen Gesprächsrunden mit beiden Autoren, wozu Guenther Sandleben, Ulrich Weiss und Karl-Heinz Schubert ihre kritischen Anmerkungen einbrachten. Sandleben konzentrierte sich in seinem Beitrag auf die Kritik des Begriffes „finale Krise" (130), denn sie würde nach Meinung der beiden Autoren im Bewusstsein der lohnabhängigen Massen die sozialistische Alternative als deren Selbstermächtigung hervorbringen. Deshalb verständigte sich der Kreis auf eine Diskussion der so verstandenen Krisentheorie, wozu die Analyse des „Falls der Profitrate" bei Marx (131) besprochen wurde. Von Schubert wurde die nicht zureichende Verwendung des Subjektbegriffs kritisiert (132). Zur Vertiefung seines Diskussionspunktes stellte er von Klaus Ottomeyer (133) einen Text zur „Subjektfrage bei Marx" ins Netz. Für Ulrich Weiss' Stellungnahme (134) fand eine Extrarunde statt, weil er sein Papier nicht in Konkurrenz zum Bücker/Gettel-Papier diskutieren wollte. Als Anhänger

der „Keimformtheorie" bezeichnete er deren Thesen als „Gegenteil von revolutionär", weil beide Autoren weiterhin zur Aufhebung des Kapitalismus auf „die revolutionäre Gewalt des Proletariats" und dessen politische
Formierung als Klasse setzten.

2018 - Jahr der Jahrestage

Rückblickend fällt auf, dass das Jahr 2017 ganz ohne eine öffentliche
TREND-Veranstaltung abgelaufen ist – nicht einmal Filme wurden angeboten. Als Hauptgründe wären dafür zu nennen: Weitere personelle Veränderungen in der TREND-AKKA-Struktur und zum andern der Anspruch im Hinblick auf die kommenden Jahrestage 2018 eine gehaltvolle
Erinnerungsarbeit publizistisch adäquat umsetzen zu wollen. Beide
Gründe zusammengenommen bedeuteten, dass ein mittlerweile recht klei-
ner AKKA sich den hohen Anspruch auferlegt hatte, zur theoretischen
Einordnung historisch relevanter Ereignisse eine angemessene Darstel-
lungsweise – sprich Textauswahl – zu finden. Schließlich darf nicht uner-
wähnt bleiben, dass zum Jahresende 2017 noch Andrea Eismann und
Georg Klauda aufgrund gestiegener beruflicher Belastungen aus der redaktionellen Mitarbeit ausgeschieden waren. Dennoch gelang es für 2018
eine grobe Planung zu erstellen, die im Januar-Editorial unter dem Titel
„Das Jahr der Jahrestage" vorgestellt wurde:

> „Die Planung der TREND-Schwerpunkte für den Bereich Geschichte
> im Jahr 2018 fiel der Redaktion angesichts der anstehenden Jahres-
> tage nicht schwer. Wir wählten nur runde Jahrestage. Bei der Aus-
> wahl des historischen Materials, das zur Veröffentlichung gelangen
> wird, werden wir uns vom historischen und dialektischen Materialis-
> mus leiten lassen, wie er von unseren verdienten Altvorderen Marx &
> Engels entwickelt und angewendet wurde." (135)

Konkret sollte es 2018 um „das Jahr 1968" und im letzten Quartal um
die „Novemberrevolution 1918" gehen. Schlussendlich musste noch aufgrund der inhaltlichen Erweiterung des untersuchten Gegenstands das
virtuelle Archiv zur „Oktoberrevolution" bis zur Januarausgabe 2018 weitergeführt werden. Im Sinne dieser Jahresplanung erinnerte Schubert im
Editorial der Februarausgabe 2018 an den „Internationalen Vietnam Kongress", der 1968 am 17. und 18. Februar vom SDS organisiert im Auditorium Maximum der TU Berlin mit rund 5.000 Teilnehmer:innen und 44
Delegationen aus 14 Staaten stattgefunden hatte. Seiner Meinung nach
wurde der „Vietnam-Kongress für die westdeutsche und westberliner
Linke zur Plattform einer antiimperialistischen Politik, die 1975 den Sieg

der Vietcong über den US-Imperialismus feiern konnte." (136) Wie sich 1968 die Jugend- und Studierendenbewegung zu weiten Teilen aus einer kulturrevolutionären Revolte in eine politische Bewegung transformierte, deren Praxen sich zunehmend kapitalkritisch entwickelten, spiegelte sich gerade auch in ihren zahllosen Veröffentlichungen wider. Um diesen Prozess zu veranschaulichen entschied sich die Redaktion, den kompletten Jahrgang 1968 des westberliner „Extradienst" zu reprinten (137).

Zwischen Mai und November 2018 organisierte TREND zusammen mit Genoss:innen aus der „Lunte" eine Veranstaltungsreihe mit dem Titel „1968: Geschichte wird gemacht". Inhaltlich stützten sich die Veranstaltungen auf die bei TREND und INFOPARTISAN über Jahre aufgebauten Archive und Textsammlungen (138). Ergänzt wurden diese virtuellen Gedächtnisspeicher am Ende des Jahres durch zwei Beiträge zu den politischen und staatlichen Repressionen, die infolge der revolutionären Transformationsversuche der „1968er Revolte" in den 1970er Jahren in der BRD und Westberlin installiert wurden und bis heute nachwirken (139) (140). Die politische Hauptlinie dieser Reihe, bestehend aus fünf Veranstaltungen, richtete sich – plakativ formuliert – gegen redundante sozialdemokratische Uminterpretationen sowie gegen eine grün-alternative Vereinnahmung der „1968er Bewegung".

Bewusst wurden auch thematische Längsschnitte von aktuellen Politikfeldern wie z.B. der Antirepressionsarbeit oder den Mieter:innenkämpfen in die Reihe aufgenommen. So fand im November eine Gesprächsrunde über die Anfänge linker Mieten- und Wohnungspolitik 1968 mit Joachim Öllerich von der „Berliner MieterGemeinschaft (BMG)" in der „Lunte" statt und diente zur politischen Einschätzung der aktuellen Proteste und Aktionen gegen die Wohnungs- und Mietenpolitik des rot-rot-grünen Berliner Senats. Zwar hatten sich im Laufe der Jahrzehnte Formen und Inhalte der politischen Auseinandersetzungen verändert, doch das kapitalistische Konfliktfeld „Rendite mit der Miete" war prinzipiell das gleiche geblieben.

Während die Erinnerung an die außerparlamentarische Opposition und an die von ihr hervorgerufenen politischen Erschütterungen im kulturellen und staatlichen Überbau der konservativ verkrusteten bundesdeutschen Gesellschaft als ein ganzjähriges Vorhaben konzipiert war, startete die Reihe „Novemberrevolution 1918" (141) im Herbst mit der TREND Nr. 10/2018 und beschäftigte sich bis zur Nr. 3/2019 mit der in bürgerlich-demokratischen Reformen steckengebliebenen deutschen Revolution.

Besondere Bedeutung erhielt im Hinblick auf die 68er-Bewegung die Erinnerung an die Gründung der KPD 1918/19. Die DDR-Geschichtsschreibung hatte nämlich in den 1960er Jahren die Legende in die Welt gesetzt, dass die KPD-Gründung auf der Grundlage eines Programms erfolgt sei (142). Dieses Narrativ wurde von Teilen der „1968er Bewegung", die sich in eine kommunistische Partei transformieren wollten, unhinterfragt übernommen. Das war nicht verwunderlich, denn für diese voluntaristisch gegründeten kommunistischen Zirkel ersetzte oft politisches Schrifttum über die Weimarer KPD in der Lesart der DDR eigene theoretische Bemühungen, um inhaltlich gewappnet am Tagesgeschehen des Klassenkampfes organisierend teilnehmen zu können. Infolge dieses voluntaristischen Politikverständnisses wurden Theorie und Praxis in ein mechanistisches Nebeneinander aufgespalten und damit zum Branding der „K-Gruppen", die auf diese Weise dafür sorgten, jenes selbstverschuldete Unvermögen fortan zur Dauererscheinung des klassenlinken Zirkelwesens in der BRD werden zu lassen.

Beim letzten AKKA-Treffen vor dem Jahreswechsel wurde besprochen, die Textsammlung zur Novemberrevolution, thematisch über den Januar 1919 hinaus weiterzuführen. Diese Erweiterung sollte die historischen Ereignisse ausgehend von Rosa Luxemburgs und Karl Liebknechts Ermordung bis zur "Münchner Räterepublik" umfassen. Dabei ging es auch darum zu zeigen, dass am Ende der Weimarer Republik die KPD im Hinblick auf die Novemberrevolution zu der zweifelhaften Einschätzung gelangt war, dass der Sieg der Konterrevolution ohne die aktive Teilnahme der SPD nicht zustande gekommen wäre (143).

An der Aufgabe, dies (selbst)kritisch zu thematisieren – so die Auffassung des AKKA – würde heute eine revolutionär-antikapitalistische Arbeiter:innenbewegung, so sie sich politisch in der BRD zu rekonstruieren versuchte, nicht vorbeikommen. Um diese Aufgabe zur Diskussion zu stellen, wurden zwischen November 2018 und Januar 2019 vier Filmveranstaltungen in der „Lunte" durchgeführt (144). Die ersten beiden Filme stammten aus der DDR und behandelten in klassischer Agitprop-Manier die Novemberrevolution vom Kieler Matrosenaufstand bis zur Ermordung von Rosa Luxemburg und Karl Liebknecht. In den folgenden Veranstaltungen wurden die beiden Teile des in der BRD vom Süddeutschen Rundfunks produzierten und 1969 uraufgeführten Dokumentarspiels "Der Fall

Liebknecht-Luxemburg" gezeigt. Der erste Teil informierte über den Mordkomplott der Reichswehroffiziere und die anschließenden Ermittlungen. Der zweite gab auf der Grundlage der Gerichtsakten den Militärprozess gegen die Offiziere als Spielhandlung wieder.

Flankiert wurden die beiden Geschichtsprojekte durch Thesen zum 30jährigen Krieg und ein Lebensbild von Gustav Adolf, verfasst von Franz Mehring (144). Durch dieses Lesematerial sollte vermittelt werden, dass infolge des 30jährigen Krieges das Bürgertum in den deutschen Städten für lange Zeit wirtschaftlich deutlich geschwächt wurde und sich daher frühkapitalistische Unternehmen kaum entfalten konnten. Insofern waren im deutschsprachigen Raum historische Bedingungen für eine Klassenentwicklung entstanden, die für das Ausbleiben der Zerschlagung feudaler Strukturen im 19. Jahrhundert durch eine bürgerliche Revolution in Deutschland maßgeblich bestimmend waren.

Angeregt durch diese Textsammlungen stellte Richard Albrecht im Herbst seine bisher erschienenen Artikel zum „Armenozid" der Onlinezeitung als digitalisierte Textsammlung (144) zur Verfügung. Für die Augustausgabe 2018 hatte er dazu als Prolog „eine wissensgeschichtliche Erinnerung an politische Perspektiven der deutschen Südosteuropakunde während des Zweiten Weltkriegs" beigetragen. Richard Albrecht und seine Frau Ruth Wilma Albrecht waren bei der Onlinezeitung bereits seit 2008 gelegentlich als Autor:innen tätig gewesen. Doch ab jetzt sollten beide bis zur letzten Ausgabe regelmäßig für die Onlinezeitung publizieren und damit einen wichtigen Beitrag zum politisch-theoretischen Profil der Onlinezeitung leisten.

Stadtteilpolitik reformistisch überformt

Im Mai 2018 berichtete TREND, dass sich aus dem Kreis der Initiator:innen des 2015 von ihnen abgebrochenen Volksbegehrens für ein "Gesetz über die Neuausrichtung der sozialen Wohnraumversorgung in Berlin" eine neue Initiative für ein weiteres mietenpolitisches Volksbegehren gebildet habe (147). Sie stammten aus Stadtteilinitiativen wie z.B. „Kotti & Co" sowie politischen Zirkeln in und entlang der Partei „Die Linke". Diese Mixtur aus Milieulinken wollte nun per Volksbegehren Parlament und Regierung verpflichten, ein Wohnungsenteignungsgesetz zu erarbeiten und in Kraft zu setzen. Ihre Kampagne titelten sie mit der Parole „Deutsche Wohnen & Co. enteignen!" und begannen damit ein weiteres Mal die Illusion zu verbreiten, dass der kapitalistische Wohnungsmarkt fair und gerecht funktionieren könnte, wenn ihn der Staat vor dem Profitstreben der „großen Miethaie" richtig schützen würde.

Der opportunistische Abbruchs des ersten mietenpolitischen Volksbegehrens 2015 durch das Führungspersonal der Kampagne hatte im erheblichen Maße die zuvor von ihnen verbreiteten reformistischen Illusionen lädiert und in den darauf folgenden Jahren zu einem Rückzug autonomer Stadtteil- und Mieter:inneninitiativen in ihre anarchistisch-syndikalistischen und libertären Politikfelder geführt. Die in dieser Zeit von ihnen geführten Kämpfe und die damit verbundene autonome Stadtpolitik waren 2018 schließlich in tiefe Widersprüche zum Berliner Senat und auf diese Weise auch zur Linkspartei geraten (148) (149). Für „Die Linke" kam von daher die Kampagne zur Enteignung der „großen Miethaie" gerade recht, um ihre beschädigten Verbindungen zu den autonomen und antikapitalistischen Spektren wiederherzustellen. Ihr außerparlamentarisches Spielbein die „interventionistische Linke Berlin" lieferte dafür zeitgleich zum Start der Enteignen-Kampagne mit ihrer Broschüre „Das Rote Berlin" ein Strauß pseudo-radikaler Argumente für das kapitalaffine Reformvorhaben:

> „Die sozialistische Stadt wird nicht konfliktfrei und als reine Reform durchgeführt werden können. Der Begriff „Enteignung" ist eine Kampfansage in den kommenden Auseinandersetzungen um eine Stadt für alle. Unsere Botschaft muss lauten: Ja, wir wollen euch alle enteignen! – Wir sind dazu entschlossen und bereit!" (150)

Durch diese politisch-ideologische Gemengelage entstand für den AKKA eine neue und vor allem auch eine theoretisch anspruchsvolle Aufgabenstellung: Die Kritik am Reformismus der Enteignungskampagne – nicht nur ideologisch zu führen, sondern auch politökonomisch zu argumentieren. Parallel dazu wurde es gleichermaßen wichtig, entsprechende Stellungnahmen zur Kampagne aus dem linksradikal-autonomen Spektrum und aus den Zirkeln der Klassenlinken zu dokumentieren.

Im September 2018 spiegelte TREND eine erste Stellungnahme, in der Vorbehalte gegen die Kampagne laut wurden. Sie kam überraschender Weise aus einem politischen Spektrum, nämlich aus der Berliner Mietergemeinschaft (BMG), die sich für mietenpolitische Reformen stets aufgeschlossen gezeigt hatte. Darin hieß es unter anderem:

> "Das Volksbegehren bezieht sich ausschließlich auf eine mögliche Mietpreisdämpfung in einem kleinen Teil des Berliner Bestands – die

Rede ist von bis zu 200.000 Wohnungen. Das Hauptproblem des Berliner Wohnungsmarkts, die Schaffung von bezahlbarem neuem Wohnraum für alle Bevölkerungsschichten, wird dabei ausgeklammert."(151)

Im Oktober 2018 veröffentlichte die Initiative "Deutsche Wohnen enteignen!" einen „vorläufigen Beschlusstext (152), der später in eine dem rot-rot-grünen Senat genehme Version (153) umgearbeitet wurde und schließlich zu einem erfolgreichen Volksentscheid am 26. September 2021 führte. An diesem Tag stimmten 56,4 Prozent der Wähler für das „Volksbegehren zur Erarbeitung eines Gesetzentwurfs durch den Senat zur Vergesellschaftung der Wohnungsbestände großer Wohnungsunternehmen". Diese plebiszitär durchgesetzte Pflicht des Berliner Senats wurde bis zum Zeitpunkt der Drucklegung dieses Buches nicht erfüllt.

Ebenfalls im Oktober 2018 erhielt nach fast 33 Jahren Existenz das Kollektiv der Kiezkneipe Syndikat, aus der Weisestraße 56, eine Kündigung vom Eigentümer, die „Pears Global Real Estate Germany" – ansässig in London, der damals rund 6.200 Einheiten, Wohnungen und Gewerbe, überwiegend in Berlin, gehörten (154) (155). Zum 31. Dezember 2018 sollte der alteingesessene, in der Nachbarschaft und in autonomen Strukturen fest eingebundene Treffpunkt schließen. Unverzüglich veröffentlichte die Onlinezeitung dazu einen „Infotext des Kneipenkollektivs Syndikat", in dem es hieß:

„Wir sollen, wie so viele andere Kneipen, Cafés und andere Ladengeschäfte im Schillerkiez und in ganz Berlin, verschwinden, weil wir nicht profitabel genug sind, für die Renditeerwartungen der GmbHs, Holdings, Immobiliengruppen und anonymen Gesellschaften in Steuerparadiesen, die unsere Häuser besitzen. Wir sollen verschwinden, obwohl nicht unser Dasein für unser Haus, oder unseren Kiez störend ist, sondern allein für die Gewinnerwartung unseres Eigentümers...Das ist nur einer, von vielen, ständigen Beweisen dafür, dass den herrschenden Verhältnissen die Bedürfnisse der Menschen, die in bestimmten Kiezen wohnen, arbeiten und leben scheißegal sind. Nicht jede:r Bewohner:in in der Nachbarschaft muss uns gut finden, oder uns regelmäßig besuchen. Aber es gibt genug die das tun. Und es geht nicht einmal nur konkret um uns, sondern um eine generelle Frage: Wer entscheidet, wer in unserem Kiez wohnt, arbeitet und lebt? Wer entscheidet, wie unsere Kiez aussehen soll und welche Geschäfte dort sein sollen? " (156)

Mit dieser „generellen Frage" wurde – wenn auch unbeabsichtigt – das wesentliche Dilemma der Enteignungskampagne benannt. Denn die Antwort auf solche Fragen formuliert gewöhnlich das Leben, d.h. die ökonomischen Bewegungsgesetze und die sich daraus ergebenden Klassen- und Machtverhältnisse. Am 8. August 2020 ließ der rot-rot-grüne Senat das Syndikat räumen und verwandelt dafür den Kiez mit rund 1.000 Polizisten unterstützt von Wasserwerfern und Hubschraubern in ein bürgerkriegsähnliches Areal (157).

Time To Say Goodbye

Die personellen Veränderungen im TREND-AKKA-Zusammenhang konnten 2018 personell nicht mehr voll aufgefangen werden und führten zu einer deutlichen Verringerung der redaktionellen Kapazitäten. Hinzu kam, dass sich bei dem verbliebenen Teil der TREND-Redaktion aufgrund der Altersstruktur eine abnehmende Belastbarkeit abzeichnete. So entstanden zum Jahreswechsel 2019/20 erste Überlegungen, die Onlinezeitung und die dazugehörende Domain INFOPARTISAN durch einen neuen Herausgeberkreis weiterführen zu lassen. Der komplette Datenbestand bestehend aus rund 50.000 Dateien sollte mithilfe dieser Lösung in der Form eines Archivs für die Öffentlichkeit weiterhin zugänglich bleiben, während TREND in eigener Verantwortung von einem neuen Redaktionskollektiv hätte weitergeführt werden können. Doch zunächst ging es erstmal darum, die verbliebenen Kräfte auf ausgewählte Politikfelder zu fokussieren und zu bündeln. Dazu gehörte in den ersten drei Monaten des Jahres 2019 die Textsammlung zur „Novemberrevolution 1918" abzuschließen. In diesem Zeitabschnitt kam der „Putsch in Venezuela" hinzu. Er hatte das gesamte linke Spektrum umgehend auf den Plan gerufen, um entsprechende Proteste zu formulieren. TREND als kollektive Zeitzeugin veröffentlichte in der Februarausgabe zwanzig Stellungnahmen, worin alle relevanten politischen Strömungen links der Sozialdemokratie vertreten waren (156).

Währenddessen hatten die wohnungspolitischen Stadtteilkämpfe in Berlin in Ansätzen eine kapitalkritische Stoßrichtung bekommen. Doch klassenlinke Kräfte unternahmen wenig bis gar nichts, um ein erneutes Abgleiten in kapitalaffine Lösungen für die Wohnungsfrage ideologisch aufzuhalten. Bezeichnend dafür war ein Referat, worin die konzeptionellen Überlegungen des DKP Parteivorstands, unter dem Titel „Kommunisten in der Kommunalpolitik" zusammengefasst wurden. Diese hatten nämlich die Aufgabe, sich darum zu kümmern, dass Teile des Kleinbürgertums, weil sie „schwankende Kräfte im antimonopolistischen Kampf sein können", durch ein von der DKP organisiertes „antimonopolitisches Bündnis" an der Seite der Arbeiter:innenklasse verbleiben. Womit allerdings nur ein Freibrief für ein opportunistisches Sich-Anhängen an spontane Bewegungen und Widerstände in den Kiezen als Parteilinie gerechtfertigt wurde. Die Onlinezeitung dokumentierte dieses Referat in der Nr.1/2019 und Schubert kommentierte polemisch:

> „Doch solche fossilen Phrasen werden diesen Prozess wahrscheinlich noch eine Weile behindern, bis die Kämpfe der Klasse die revolutionäre Linke bei Strafe ihres Untergangs zwingen werden, ihr Sektierertum – ein Gebräu aus Mythen und Legenden – über Bord zu schmeißen." (157)

„Ja das ist prima. Da sinnma dabei!" - so in etwa lässt sich die Begründung der trotzkistischen „Sozialistischen Alternative Voran (SAV)" zusammenfassen, als sie sich – ihren entristischen Grundsätzen treubleibend – 2019 für die Enteignungskampagne engagierte. Gleichwohl vertrat sie die Ansicht, dass die enteigneten Immobilienkapitalist:innen keine beziehungsweise nur eine geringe Entschädigung erhalten sollten – allerdings mit dem Hinweis, dass diese Rechtsfrage eine Machtfrage sei, die die Mieter:innenbewegung zu ihren Gunsten entscheiden könnte. Diese Frage so zu stellen wurden die Mieter:innen von der SAV aufgerufen. Dazu kündigte sie an, „Mieter:innen zu organisieren und Diskussionen über Enteignungen voranzutreiben"(158). Ihr Aufruf war allerdings eine Luftnummer, denn zum gleichen Zeitpunkt diskutierte die SAV intern ihre programmatischen Grundlagen entlang der Frage „Klassenpolitik versus Identitätspolitik" derart kontrovers, dass es im September 2019 zur endgültigen Spaltung der SAV kam. (159) (160)

Nahezu zeitgleich erschienen bei der linkssozialdemokratischen Rosa-Luxemburg-Stiftung fünf wohnungspolitische Broschüren zur ideologischen Begleitung der Enteignungskampagne. Die darin vorgebrachten Argumente liefen darauf hinaus, mithilfe von historischen Längs- und Querschnitten zu zeigen, dass politische Regulierungen zur Linderung von sozialer Not nur dann Sinn machen, wenn sie sich in die bestehende Rechtsordnung unter Berücksichtigung der Kapitalinteressen einpassen lassen. Die Broschüren wurden im AKKA ausführlich besprochen und Schubert übernahm die Zusammenfassung der im TREND-Herausgeberkreis diskutierten Kritikpunkte und resümierte seinerseits:

„Allen Autor:innen ist gemeinsam, dass die Arbeiter:innenklasse, die den gesellschaftlichen Reichtum schafft und weder im Produktions- noch im Reproduktionsbereich darüber verfügen kann, in ihren Arbei- ten überhaupt nicht vorkommt. Ihnen kann deshalb auch nicht vorge- halten werden, sie hätten nicht im Interesse der Klasse versucht, wohnungspolitische Vorschläge zu entwickeln." (163)

Im April 2019 äußerste sich schließlich auch die MLPD zur Enteig- nungskampagne und begründete ihre Ablehnung einer Unterzeichnung des Volksbegehrens mit der wenig originellen Feststellung, dass für eine „wirkliche Enteignung" im „System des staatsmonopolistischen Kapitalis- mus kein Rechtsweg vorgesehen" sei. Als Alternative empfahl sie daher den Aufbau einer „Mieterplattform als Teil des Internationalistischen Bündnisses" an der Seite ihrer Partei (164).

Trotzkistische Zirkel wie z.B. die „Gruppe ArbeiterInnenmacht (GAM)" hofften dagegen durch kritische Beteiligung an der Kampagne unter der Losung „Enteignung – ja, Entschädigung nein!" diese zu radikalisieren. Auf diesem Wege, so schrieb sie: „könnte die Initiative ihr volles Potential im Kampf für ein radikales Wohnungsprogramm entwickeln, das den Kampf gegen Mietwucher und Wohnungsnot mit dem gegen das kapitalis- tische System verbindet." (165).

Am 14. Juni 2019 konnten die Initiatoren der Enteignungskampagne pressewirksam im Roten Rathaus rund 77.000 Unterschriften dem Berli- ner Senat als Verpflichtung zur Durchführung des Volksbegehrens über- geben – 20.000 Unterschriften hätte es nur gebraucht! Nach der Sommer- pause wurde der mediale Druck der Kampagne nochmal erhöht und von einem mietenpolitischen Bündnis zu einer großen Demo am 3. Oktober 2019 unter der zentralen Parole „Richtig deckeln – dann enteignen – rote Karte für Spekulationen" mobilisiert.

Diese effektheischende Politik nahmen revolutionär-anarchistische Kräfte zum Anlass, mit einer grundsätzlichen Kritik an dem aussichtslo- sen Reformvorhaben an die Öffentlichkeit zu gehen. TREND spiegelte den bei Indymedia am 10. Juli 2019 von "Berliner Gruppen im Kampf" unter dem Titel: „Neues sozialrevolutionäres Stadtentwicklungsprogramm" ver- öffentlichten Beitrag, in dem es hieß:

„Es ging bei der Kampagne gegen ‚Deutsche Wohnen' nie um enteig- nen. Hier geht es nur um einen Rückkauf von Wohnungen .... Der ganze Vorgang hat genau genommen mit emanzipativer Politik nichts zu tun, sondern läuft auf eine juristische Auseinandersetzung hinaus, die in den Gerichten und Verwaltungen ihren Ort hat. Dort sitzen dann auch keine Mieter:innen, sondern Experten, Anwälte, Gutachter, Bänker und all so ein Zeug. Die Mieter:innen der Kampagne dürfen dann Beifall klatschen oder was um einiges wahrscheinlicher sein wird, ernüchtert und resigniert spüren, auf welchen Irrweg sie von ihren Bewegungsfunktionär:innen mit ihrer Enteignungslüge geführt wurden. Wir gehen sogar so weit zu behaupten: Durch solche Lügen, Versprechungen und den nachfolgenden Enttäuschungen produzieren solche Kampagnen Ohnmacht und Resignation. Ein guter Nährboden für Kräfte wie der AfD." (166)

Vom „Berliner Wassertisch", einer Bürger:innen-Initiative, wurde sehr deutlich Kritik an der Art und Weise, wie das eingereichte Volksbegehren juristisch konzipiert war, vorgebracht und folgerichtig als „Nebelkerze mit toxischen Nebenwirkungen für Mieter" bezeichnet. Denn – so das Fazit:

„Die Initiatoren haben trotz einer langen Vorbereitungszeit von mehr als 2 Jahren keine Anstrengungen unternommen, ein Volksgesetz zu formulieren! Statt die Definitionsmacht über gesetzlich verbindliche Rechtsnormen selbst auszuüben, wird diese an die Regierung bzw. den Senat delegiert. Hier stellt sich die Frage, ob irgendein Grund vorhanden ist, der die Annahme rechtfertigt, dass der Senat diesen Beschluss zugunsten der Mieter ausführen wird?" (167)

So unterschiedlich in diesen Statements die Kritik an der Enteignungskampagne auch hergeleitet war, musste der AKKA in seiner politisch-ideologischen Auswertung dennoch feststellen, dass es allen an einer dialektisch-materialistischen Durchdringung des Gegenstandes Immobilienkapital – das ja schließlich enteignet werden sollte – fehlte. Auch in der Enteignungskampagne selber wurde es nicht als Kapital im gesamtgesellschaftlichen Produktions- und Reproduktionsprozess untersucht, sondern unter Ausblendung von Produktion und Wertschöpfung durch einen betriebswirtschaftlichen Blick begrenzt als Rendite generierendes Kapital behandelt. Folglich ging es in dieser Kampagne weder um die Aufhebung des Kapitalismus noch um die teilweise Einhegung des Immobilienkapitals sondern nur um wohlfeile Regulierungen in der Logik der Kapitalverwertung.

Angesichts dieser Defizite beschloss der AKKA ein Veranstaltungsangebot zu erarbeiten, um diese kapitalaffirmative Politik zu kritisieren. AKKA-Mitglied Matze Schmidt machte deshalb im September 2019 den

Vorschlag, die TREND-Redaktion möge einen solchen Vortrag zur Berliner Enteignungskampagne in Kassel halten. Dort hatte sich Schmidt im Stadtteilladen „Rothe Ecke" engagiert, wo sich wie in der „Lunte" Leute zusammengeschlossen hatten, „die sich gegenseitig unterstützen in gemeinsamen Kämpfen für gerechtere Arbeitsbedingungen, einen Nahverkehr für alle, bessere Wohnverhältnisse oder für ein humaneres System als Hartz IV."(168) Schmidt hoffte mit dieser Unterstützung fundierter in den Meinungsbildungsprozess über die Berliner Enteignungskampagne eingreifen zu können, der dort im Wesentlichen seitens der „Rosa Luxemburg Stiftung Hessen" ideologisch geformt wurde. Schubert nahm am 31. Oktober 2019 diese Aufgabe in Kassel wahr (169).

Vor dem Hintergrund der 2019 auch immer stärker werdenden Klimabewegung „Fridays for Future" fiel im Spätsommer 2019 die Entscheidung, zukünftig eine ständige Rubrik mit dem Titel „Prima Klima" einzurichten, um deren Praxen und Theorien zu dokumentieren und zu kommentieren. Ihr Start erfolgte zunächst als „Sonderschwerpunkt" in der Oktoberausgabe 2019. Als ständige Rubrik wurde sie in das Layout der Titelseite ab der Januarausgabe 2020 aufgenommen (170). Ausgangpunkt für die Einrichtung der Rubrik war ein aus dem autonomen Spektrum in der TREND- Märzausgabe 2019 gespiegelter Artikel der Gruppe „Wer wir sind. Die Grüne Anti-Kapitalistische Front" (171). Darin war zu lesen, dass jenseits des kapitalistischen Greenwashing eine Suche nach alternativen Lösungswegen unter Milieulinken begonnen hatte, die sich klassenlinken Positionen politisch anzunähern versuchte.

Für die daran anschließenden Erörterungen über den politischen Sinn und Zweck einer solchen Rubrik waren für die Redaktion auch die in den Sommermonaten zu diesem Thema erschienenen Beiträge – insbesondere die Kommentare von Siegfried Buttenmüller – bedeutsam. Zum Start der Rubrik hieß es deshalb im Hinblick auf die strategische Bedeutung des kapitalistischen „Greenwashing" und den daraus erwachsenden theoretischen Aufgaben:

> „Solche Entwicklungstendenzen, die der Kapitalverwertung eine neue innere Struktur vermitteln, gehören vom Standpunkt der Marxschen Kritik der Politischen Ökonomie analysiert, damit es möglich wird, in der Umweltfrage eine sozialistische Alternative auf der Höhe der Zeit zu formulieren, die antikapitalistische Allgemeinplätzchen hinter sich lässt." (172)

Das dritte Aufgabenfeld, mit dem sich TREND neben der kritischen Begleitung der Enteignungskampagne und der „Prima-Klima-Rubrik" beschäftigte, war eine Ergänzung zur bereits vorhandenen Textsammlung „Löcher in der Mauer" (173). Anlass dazu gaben der 30. Jahrestages der Maueröffnung und die Implosion der DDR (171). Geplant war als Starttermin für diese Ergänzungen die Juliausgabe 2019 – was sozusagen auf den letzten Metern auch gelang. Allerdings ohne entsprechende politische Einordnungen, denn dazu hatten Kräfte und Zeit gefehlt. Sie wurden im Editorial der Augustausgabe nachgeholt. In Abgrenzung von einem biederen holzschnittartigen Sozialismusmodell, wie es vom sowjetischen Marxismus-Leninismus der 1970er/80er Jahre geprägt worden war und bei Teilen der BRD-Klassenlinken aktuell immer noch dominierte, hieß es dort:

> „Die DDR, die aufgrund innerer und äußerer Bedingungen die angekündigte sozialistische Transformation der antifaschistischen Nachkriegsumwälzungen nicht vollzog, hatte stattdessen 1989 ökonomisch, politisch und ideologisch einen Scherbenhaufen hinterlassen. Was sich tatsächlich sowohl in der Massenflucht als auch in den DDR-weiten Demonstrationen ausdrückte, war ein persönliches Lagebewusstsein – von nationalistischem Unrat durchtränkt – auf der Suche nach einer lohnenswerten Alternative, die der DDR-‚Sozialismus' nicht (mehr) bieten konnte." (174)

Und dem Gerede von der angeblichen Konterrevolution zur Diffamierung des friedlichen Endes der DDR wurde dort polemisch entgegengehalten:

> „Die Konterrevolution war – wenn überhaupt – in Wandlitz bei der ‚Stasi und bei den Kombinatsdirektoren zu Hause'." (ebd.).

Damit waren die ökonomischen und politischen Charaktermasken gemeint, die maßgeblich für das (Nicht-)Funktionieren des sozialistischen Staatskapitalismus in der DDR zuständig gewesen waren. Und die – obwohl sie kein formelles Privateigentum an den Produktions- und Reproduktionsmitteln besaßen – mittels ihres bürokratischen Partei- und Staatsapparats die gesellschaftliche Arbeit dirigierten und kontrollierten sowie exklusiv über das von den Produzent:innen erzeugte gesellschaftliche Produkt und Mehrprodukt verfügten. Um die daraus resultierenden Widersprüche zwischen der herrschenden Klasse und den „Werktätigen" in der DDR zu illustrieren, wurde aus „Stasi-Berichten" und ergänzenden Beiträgen eine Textsammlung zusammengestellt (175). Diese pointierte Behandlung der Implosion der DDR führte zur Einladung von Schubert an einer von der „North East Antifa" organisierten Podiumsdiskussion mit dem Thema „Die DDR – Historisch-Kritische Aneignung und Diskussion eines sozialistischen Versuchs" am 08. November 2019. Zusammen mit ihm sollten Daniel Hager (DKP) und Martin Suchanek (Gruppe Arbeiter:innenmacht) diskutieren (176).

Gut 40 Zuhörer:innen waren erschienen und konnten erleben, wie der DKP-Genosse durch seine Storyteller-Beiträge ein tieferes Einsteigen in das Verstehen des DDR-Zusammenbruchs auf materialistischer Grundlage permanent ziemlich verhindern konnte. Schubert schrieb deshalb in der Dezemberausgabe:

> „Die wirklich interessanten Widersprüche zwischen den GAM- Genossen und mir (die DDR "deformierter Arbeiterstaat" oder "bürokratischer Staatskapitalismus") konnten leider nicht vertieft werden, da der DKP-Genosse mit seinen DDR-Wurzeln es einfach nicht lassen konnte, zwischendurch sein hohes Lied auf die friedliebende DDR mit ihrer Vollbeschäftigung, den preiswerten Mieten und der Frauenbefreiung zu singen. Und schließlich durfte auch nicht sein Hinweis fehlen, dass die staatskapitalistische, neoimperialistische VR China ein für heute wegweisender sozialistischer Staat sei. Kritische Hinweise, die sich z.B. auf Charles Bettelheim bezogen, wurden von ihm hingegen als ‚antikommunistisch' diffamiert. Positive Resonanz erhielt er sichtlich nur von seinen mitgebrachten Parteifreund:innen." (177)

In der Frage der Veranstaltungen konzentrierten sich nun die im AKKA verbliebenen Kräfte auf Filmveranstaltungen mit anschließender Diskussion. Für Januar 2020 wurde dafür der „Filmclub Lunte" ins Leben gerufen, dessen Programm als „gemeinsames Projekt von Gruppen und Einzelpersonen aus der Lunte" organisiert wurde (178). Die einzelnen Filmveranstaltungen wurden nach dem „Think & Drink"-Prinzip durchgeführt: d.h. nach einem kurzen Input vermittelte ein bewusst ausgesuchter Film spezifische politische Inhalte, die im Anschluss in lockerer Runde besprochen, interpretiert oder auch kritisiert werden konnten. Auf diese Weise wollten sich die politischen Akteur:innen des Stadtteilladens mit ihren Ansichten und Standpunkten gleichberechtigt nebeneinander vor- bzw. darstellen, indem sie für „ihren" Filmabend inhaltlich allein verantwortlich waren, aber dennoch als Teil eines Ganzen auftraten, wie es in den politischen Grundlagen der „Lunte" beschrieben wird (179).

2008 war „linksunten.indymedia" als selbständige Subdomain der Veröffentlichungsplattform Indymedia gegründet worden. Sie wurde 2017 verboten und fünf Menschen wurden als vermeintliche Verantwortliche für dieses Projekt von Polizei, Staatsschutz und Justiz mit repressiven Maßnahmen überzogen. Deren Klage gegen das Verbot wurde am 21. Januar 2020 vom Bundesverwaltungsgericht mit der Feststellung abgewiesen, dass die Kläger:innen formal nicht klageberechtigt gewesen seien. Insofern hatte das Verbot weiterhin Bestand. In der TREND-Februarausgabe 2020 wurde daher eine ausführliche Linkssammlung von Reaktionen auf diese Gerichtsentscheidung veröffentlicht. Damit verbunden wurde der Hinweis, dass „linksunten.indymedia" ab sofort als Archiv wieder im Internet zugänglich sei (180). Des Weiteren wurde eine Leseliste mit Texten veröffentlicht, die zum Fall „linksunten.indymedia" bisher bei TREND erschienen waren.

In der TREND Juni-Ausgabe 2020 berichtete Detlef Georgia Schulze von ihren Bemühungen, die Rechtslage nach dem Urteil vom Januar 2020 in Sachen „linksunten.indymedia" so auszulegen, dass ein Weiterbetreiben des Projektes von Dritten möglich wäre (181). Zusammen mit Achim Schill stellte die Autor:in in derselben Ausgabe Erwägungen an, ob und wie ein „neues Linksunten" in Gang gebracht werden könnte (182).

Anfang Juli meldete jedoch die Presse, dass der Verfassungsschutz die „Internetplattform Indymedia" als Verdachtsfall im Bereich des Linksextremismus eingestuft habe. Damit drohte nun auch der Mutterdomain von „Linksunten" ein entsprechendes Verbot. Peter Nowak, Achim Schill und Detlef Georgia Schulze schickten der Onlinezeitung daraufhin einen Protestaufruf zum drohenden Verbot der Domain „Indymedia". Er wurde umgehend veröffentlicht (183). Außerdem informierte Detlef Georgia Schulze, wie „Indymedia" gespiegelt werden kann, um damit ein Verbot der Seite zu unterlaufen (184). In einem weiteren Beitrag erinnerte die Autor:in an ihre Verfassungsbeschwerde wegen des „linksunten.indymedia"-Verbots, welche sie ein Jahr zuvor eingereicht hatte (185).

Seit Ende 2019 hatte sich die Infektionskrankheit Coronavirus SARS-CoV-2 ausgehend von der VR China schlagartig global so weit verbreitet, dass die Weltgesundheitsorganisation (WHO) am 11. März 2020 diese Epidemie als weltweite Pandemie einstufte. Wenige Tage danach wurde in der BRD auf der Grundlage des Infektionsschutzgesetzes mit dem Aufbau erster zentraler Entscheidungsstrukturen für ein (temporäres) autokratisches Gesundheitsregime begonnen. Bereits am 22. März startete der erste Lockdown: Ansammlungen von mehr als zwei Menschen wurden im öffentlichen Raum verboten. Cafés, Kneipen, Restaurants, sogar Friseurläden mussten schließen, und das öffentliche Leben kam weitgehend zum

Erliegen, während in den Betrieben fleißig Mehrwert schöpfend weitergearbeitet werden musste.

Am 27. März 2020 wurde das bestehende Infektionsschutzgesetz durch das sogenannte „Gesetz zum Schutz der Bevölkerung bei einer epidemischen Lage von nationaler Tragweite" erweitert, wodurch dem Bundesministerium für Gesundheit (BMG) die Befugnis für die zentrale Leitung der Corona-Maßnahmen vorbei am Bundesrat übertragen wurde. Auf dieser Grundlage arbeitete das „Bundesgesundheitsministerium" unmittelbar unter Leitung der Kanzlerin mit dem Bundesinnenministerium zusammen, um weitere Notstandsstrukturen zu erarbeiten und vor allem zu verrechtlichen. So entstand in rascher Folge eine komplexe hierarchische Struktur bestehend aus Pandemiekrisenstäben, die mit ihren umfassenden Durchgriffsrechten ausgehend von der staatlichen „Makroebene" über die „Mesoebene" bis in den letzten Winkel der „Mikroebene" tätig wurden.

Unter diesen Bedingungen brachen die bereits 2019 reduzierten persönlichen Kommunikations- und Veranstaltungsstrukturen von TREND zusammen. Übrigblieben für den Gedanken- und Meinungsaustausch erstmal nur der Emailverkehr und das Telefon. Die Themen, die als Aufgabengerüst 2020 beschlossen worden waren, wurden auf Eis gelegt. Da allerdings Layout und Endredaktion schon vor der Pandemie in der Hand von Schubert gelegen hatten, konnte die Onlinezeitung bruchlos weiter erscheinen. Jedoch beschränkte sich nun die publizistische Arbeit weitgehend auf Berichterstattung und Spiegelungen. Im März und April 2020 entstand z.B. ein Pressespiegel, in dem unter dem Titel „Corona & Linke" über 40 Beiträge aus dem „links&radikalen" Spektrum dokumentiert wurden.

In Frankreich hatte gegen Macrons Rentenreformpolitik am 5. Dezember 2019 der Auftakt einer landesweiten Streikbewegung mit rund einer Million Demonstrierenden in 250 Städten begonnen. Richtig Fahrt nahm diese Bewegung im Januar 2020 auf. Bern(h)ard Schmid, der seit 2004 als Autor für TREND mit regelmäßigen Berichten aus Frankreich tätig war, begann sofort mit ausführlichen Tagesberichten. Allein zwischen Januar und März 2020 waren es zwanzig Berichte, die jeweils unter der Headline „Sozialproteste in Frankreich" auf der monatlichen Titelseite der Onlinezeitung abgerufen werden konnten. Ab März 2020 erschienen die Frankreichberichte auf seinen Wunsch hin unter dem Titel „Im sanitären Ausnahmezustand"(186)

Obwohl durch die staatlichen Notstandsmaßnahmen das öffentliche Leben in der BRD fast erloschen schien, ließen es sich Teile der Linken nicht nehmen, für „ihren" revolutionären 1. Mai zu werben, um in der autoritär regulierten Öffentlichkeit wahrnehmbar zu bleiben. TREND veröffentlichte zu ihrer Unterstützung rund 30 Aufrufe (187). Die Maiausgabe wurde allerdings auch dazu benutzt, um über den zivilen Widerstand gegen das autokratische Gesundheitsregime anhand ausgewählter Beispiele zu berichten. Zur Anregung wurde das anschauliche Schulungshandbuch für „Civil Rights Kämpfe" von Charles C. Walker, der 1963 den „Marsch auf Washington für Arbeit und Freiheit" mitorganisiert hatte (188), exklusiv bei TREND in deutscher Übersetzung digital wiederveröffentlicht (187).

Schließlich konnte auch der Anfang des Jahres konzeptionell fertiggestellte und fest eingeplante Themenschwerpunkt „Engels 2020" online starten. Er erschien dann bis einschließlich der Novemberausgabe 2020. (190). Zu den politischen Absichten dieses Revivals schrieb Schubert im Editorial 4/2020:

> „Mit dieser Ausgabe des TREND beginnen wir ebenfalls mit einem ‚Friedrich Engels'-Spezial, von dem wir hoffen, dass es sich inhaltlich deutlich von aktuellen bürgerlichen Ehrungen unterscheiden wird. Um dies zu markieren, starten wir mit einem Beitrag über Leben und Werk Friedrich Engels von Ernst Engelberg, der 1961 vom Institut für Gesellschaftswissenschaften beim ZK der SED herausgegeben wurde. Er steht quasi exemplarisch für die Vereinnahmung seines Lebenswerks für ein schon damals äußerst problematisches sozialistisches Projekt. Die folgenden Teile dieser Serie werden andere Facetten des politischen und theoretischen Wirkens von Friedrich Engels beleuchten." (191).

Als sich immer mehr zeigte, dass sich die Pläne der TREND/AKKA-Genoss:innen, die Onlinezeitung plus Domain einer Gruppe zur Weiterführung zu übertragen, unter den Pandemiebedingungen nicht realisieren ließen, führte die Redaktion eine strömungsübergreifende Untersuchung zur Webpräsenz von TREND durch. Durch diese Abfragen bei „ALEXA Rank in global internet traffic" im Mai (192) und Juni (193) hofften sie, empirische Entscheidungshilfen für die weitere Zukunft ihrer Onlinezeitung zu bekommen. Dabei stellte sich heraus, dass die Domain „infopartisan.net" und TREND ihre gute Platzierung trotz Corona nicht verloren hatten. Diese Ergebnisse bestärkten den AKKA und die Redaktion, ihre publizistische Tätigkeit nach 25 Jahren im Januar 2021 nicht ohne ein konzeptionell strukturiertes „Wieweiter" für TREND zu beenden.

Trotz gewisser Lockerungen blieb das gesellschaftliche Leben auch über den Sommer weiter wie eingefroren und mit einem weiteren Hochfahren des Lockdowns war jeder Zeit zu rechnen. Daher nutzten die verbliebenen TREND/AKKA-Genoss:innen im September 2020 eine Phase abgemilderten Lockdowns zu einem persönlichen Treffen in Berlin. Dort wurde nach eingehender Beratung einmütig beschlossen, das 25jährige Bestehen der Onlinezeitung im Januar 2021 als Termin zu nehmen, an dem ihr Erscheinen eingestellt wird. Im Übrigen wurde dort auch beschlossen, in der Oktoberausgabe 2020 unbedingt Guenter Sandlebens kapitalkritische Untersuchung über das „Anwerfen der Notenpresse" zur Finanzierung der Pandemiekosten zu veröffentlichen, worin er den engen Zusammenhang zwischen zunehmender Staatsverschuldung und dem Ansteigen von Protesten gegen die aktuellen – scheinbar Pandemie bedingten – sozialen Verwerfungen darstellte (192).

Bald danach informierte Schubert alle TREND-Autor:innen, die regelmäßig Beiträge für die Onlinezeitung geschrieben hatten, dass die Dezemberausgabe 2020 die letzte reguläre Ausgabe vor der „Abschiedsnummer" im Januar 2021 sein wird und geplant sei, den Datenbestand von TREND & INFOPARTISAN als Archiv weiterzuführen. Diese Entscheidung wurde schlussendlich in der Dezemberausgabe 2020 unter dem Titel „25 Jahre TREND – Time To Say Goodbye?" öffentlich bekannt gegeben (193).

Für die letzte Ausgabe im Januar 2021 schrieben:

Wilma Ruth Albrecht + Richard Albrecht + Alexander Amethystow +
Gruppen gegen Kapital und Nation + Wilfried Jannack +
Kolleg_innen von "Vitamin C" (Charité und CFM) +
Iwan Nikolajew + Peter Nowak + Bernard Schmid +
Detlef Georgia Schulze + Martin Suchanek +
Reinhold Schramm + Brend Tragen (194)

Exkurs über das „NaO-Projekt"

In der TREND-Ausgabe 3/2011 wurde der Aufruf der „Sozialistischen Initiative Berlin-Schöneberg (SIB)" mit dem Titel „Neue Antikapitalistische Organisation? Na endlich!" veröffentlicht, worin für die Gründung einer gleichnamigen Organisation mit dem Kürzel „NaO" geworben wurde. Das „Na-Endlich-Papier" erregte im AKKA auf unterschiedliche Weise ein Interesse, gleichzeitig aber auch Zweifel an dessen Seriosität. Dies lag vor allem am Charakter des SIB-Papiers als einer sprachlich mehr oder minder gelungenen Sammlung von Aphorismen über linke Politik. Mit diesem Stilmittel beschrieben die Verfasser:innen selbstkritisch ihre aus der politischen Praxis als Trotzkist:innen gewonnenen Ansichten über die politische Linke und das autonome Spektrum, um in beiden Spektren für die gemeinsame Bildung einer neuen antikapitalistischen Organisation zu werben. In dem Versuch, einen strömungsübergreifenden Parteibildungsprozess in Gang zu setzen, hieß es in diesem Aufruf:

> „ArbeiterInnen sind nicht besser, schöner oder klüger als Feministinnen oder Anti-Atom-Aktivisten, aber als Mehrwertproduzenten sind sie die einzigen, die die Herrschaft des Kapitals unmittelbar und direkt in Frage stellen (können)." (1)

Indem der SIB-Vorschlag auf das Proletariat als historisches Subjekt ausgerichtet erschien, ergaben sich daraus für TREND & AKKA Schnittstellen, sich mit ihren klassenbezogenen Inhalten in dieses Vorhaben einzubringen. Unbeschadet dessen kommentierten sie das SIB-Papier mit einem Schuss Polemik „Alter Wein in neuen Schläuchen" (2). Damit erreichten sie wider Erwarten, dass es zwischen der SIB und der TREND-Redaktion zu einigen Treffen kam, wo schließlich ein öffentliches „Streitgespräch" über „Partei und Klasse" verabredet werden konnte.

Es fand am 22. Juni 2011 im ehemaligen DruPa-Gewerkschaftshaus statt und wurde von Michael Klockmann moderiert. Die Input-Thesen von Michael Schilwa (SIB) wurden zuvor bei TREND (3) veröffentlicht und Karl-Heinz Schubert antwortete darauf in derselben Ausgabe. Darin vertrat er die Ansicht, dass der sofortige Aufbau einer revolutionär-proletarischen Partei nicht aktuell sei, weil vor allem die subjektiven Voraussetzungen für den Aufbau einer revolutionären Partei fehlen würden. Er bezog sich dabei auf die historischen Erfahrungen der Arbeiter:innenbewegung und schlussfolgerte daraus:

„Fasst man das Gemeinsame dieser heterogenen „Parteivorgeschichten" unter dem Blickwinkel der russischen Parteigeschichte zusammen, dann bedeutet Parteibildung ganz allgemein: Parteinahme im Sinne des wissenschaftlichen Sozialismus für die (eigene) proletarische Klasse. Das zeigt sich auf dem Feld der Ökonomie, indem Verteilungskämpfe in Stadtteil, Betrieb, Schule, Hochschule und auf dem Land, sowie ökologische Kämpfe so geführt werden, dass durch sie die kapitalistische Verwertungslogik angegriffen wird. Politisch führt dies dazu, in diesen Teilkämpfen mit einer eigenständigen proletarischen Programmatik aufzutreten. Dabei beginnt schließlich ideologisch die Loslösung von den Konzepten, Lebensweisen, Entwürfen und Wertvorstellungen der herrschenden Klasse." (4.)

Laut dem Veranstaltungsbericht der „Jungen Welt" entwickelte sich, nachdem SIB und TREND ihre Standpunkte vorgetragen hatten, „eine kontroverse, aber erfrischend sachliche Diskussion". Und als Fazit wurde festgehalten: „Der Stein ist jedenfalls ins Rollen gekommen, die Debatte wird weitergehen." (5) Der mit der Veröffentlichung des SIB-Papiers in Gang gesetzte „NaO"-Aufbauprozess erwies sich jedoch vom Ende her betrachtet als ein zum Scheitern verurteiltes Vorhaben. Dies war für die beteiligten Akteur:innen – also zunächst auch für die Genoss:innen des TREND-AKKA-Zusammenhangs – nicht unbedingt erkennbar.

Bis zu seinem Ausscheiden im Spätsommer 2012 war der AKKA die bestimmende Gruppe, die im Hinblick auf die geplante „NaO" an den wichtigen Essentials des wissenschaftlichen Sozialismus festhielt (6) und seine klassenpolitischen Positionen sollten über viele Monate auf dem diskursiven Prüfstand der marxistischen, linkskommunistischen, trotzkistischen und milieulinken Kräfte stehen. In dieser Zeit war TREND eine wichtige Veröffentlichungsplattform für diesen ideologisch mäandernden Versuch, mit Milieu- und Bewegungslinken eine sozialemanzipatorische antikapitalistische Organisation in der BRD aufzubauen. In der Onlinezeitung diskutierten miteinander mehr oder minder kontrovers Robert Schlosser, Meinhard Creydt und Karl-Heinz Schubert über den Kampf der Klasse der Lohnabhängigen und Prekären, den es auf der Basis der Marxschen Kritik der politischen Ökonomie zu untersuchen und in den es zu intervenieren gilt. Das gesellschaftliche Ganze nicht strukturalistisch zu verkürzen, sondern mit der dialektisch-materialistischen Methode zu erfassen, bildete den Kern dieser theoretischen Bemühungen. In diesem Sinne wurden zwischen November 2011 und Juni 2012 in Berlin auch sogenannte „TREND-Gespräche" organisiert, die die Diskussionen im „NaO-Projekt" inhaltlich begleiteten und zu beeinflussen versuchten.

Das erste „Gespräch" fand am 17. November 2011 statt und befasste sich mit dem Thema „Organisation & Programm – Wo geht es hier lang zur Einheit?" An diesem Gesprächskreis nahmen Milieu- und Klassenlinke aus verschiedenen politischen Spektren teil. In der mehr als dreistündigen Diskussion herrschte eine entspannte, solidarische und dennoch nicht widerspruchsarme Atmosphäre – besonders in der Frage des Verhältnisses von Klassenanalyse und Partei. Darauf bezugnehmend hob Schubert besonders für den Gründungsprozess der geplanten neuen antikapitalistischen Organisation hervor:

„Vor diesem Hintergrund sollte jeder Zirkel, jede Gruppe, jede Einzelperson die an dem Diskurs über die Vereinheitlichung der Klassenlinken und Gründung einer revolutionären Organisation teilnehmen will, Auskunft darüber geben, ob es darum gehen soll zunächst die Kräfte zu sammeln, die in den spontanen Bewegungen der Klasse aktiv sind oder ob es sich um einen Sammlungsprozess innerhalb der Klassenlinken handeln soll. Oder um beides – jedoch mit unterschiedlicher Gewichtung. Die Antwort resultiert nicht aus dem Willen, sondern leitet sich aus der Analyse der Klassenauseinandersetzungen und den darin gesammelten Erfahrungen ab, wobei zu beachten ist, dass Klassenkämpfe generell an drei „Fronten" (ökonomisch, politisch, ideologisch) ausgetragen werden." (7)

Allerdings in der für den Parteiaufbau zentralen Frage des Verhältnisses zwischen Untersuchen und Organisieren kam es zwischen dem AKKA und der SIB auch an diesem Abend zu keiner Annäherung. Daher sah sich die TREND-Redaktion veranlasst, dieses unbefriedigende Ergebnis mit den Worten J.P. Sartres zu kommentieren:

"Wenn man also Forschung will, dann muss immer eine Struktur etabliert werden, die die Diskussion garantiert: ohne diese würde selbst das theoretische Modell, das die politische Organisation der Klasse als Experiment für die Wirklichkeit vorschlagen würde, inoperant bleiben. Hier liegt ein permanenter Widerspruch der Partei, eine Schranke für alle kommunistischen Parteien." (8)

Durch diese Veranstaltung sah sich der AKKA in der Tat bestärkt, dass im „Na-Endlich-Papier" historische Erfahrungen der revolutionären Arbeiter:innenbewegung absichtlich wie durch ein Kaleidoskop gespiegelt aufgezählt wurden, um einen strömungsübergreifenden Beifall für das „NaO-Projekt" zu erhalten. Um diesem politischen Subjektivismus entgegentreten zu können, entschied der AKKA sich zukünftig stärker mit der Geschichte der Arbeiter:innenbewegung zu beschäftigen und in die Debatte einzubringen. In diesem Sinne organisierte der Arbeitskreis im Dezember 2011 ein weiteres „TREND-Gespräch" mit Bernd Langer und Detlev Kretschmann. Dort berichteten beide von ihren künstlerischen und musikalischen Produktionen, um anhand dessen Grundfragen der Verbindung von Kunst, Musik und Klassenkampf sowohl programmatisch als auch praktisch in Verbindung mit der Geschichte der sozialen Kämpfe zu diskutieren (9). Diese Erweiterung des publizistischen Fokus von TREND war auch deswegen angesagt, weil im September 2011 eine Arbeitsgruppe aus dem „Marxforum", das sogenannte „Bochumer Programm" veröffentlicht hatte, das von ihnen als ein „Revolutionäres Minimalprogramm" verstanden wurde. (10) (11). Am 22. Januar 2012 folgte dazu das dritte TREND-Gespräch (12).

Während die SIB vorhatte, gestützt auf ein noch zu erarbeitendes Programm eine Organisation des „revolutionären Bruchs" aufzubauen, ging es den „Bochumer:innen" mit ihrem Programm darum, Forderungen zu formulieren, die einen Minimalkonsens für alle linken Strömungen darstellen. Für die Begriffsbildung, was unter einem revolutionären Programm im Hier und Jetzt zu verstehen sei, war das syndikalistisch grundierte „Bochumer Programm" inhaltlich nicht nur das Gegenteil zu den programmatischen Überlegungen der SIB, sondern darüber hinaus auch eine provokative Absage. Auf der nur mäßig besuchten Gesprächsrunde mit den Genoss:innen vom „Bochumer Programm" blieben deren Positionen folglich ziemlich unvermittelt zu denen der SIB-Genoss:innen stehen. „Systemcrash", der dort für die SIB mitdiskutiert hatte, zog deshalb für seine Gruppe folgende Schlussfolgerungen:

> „Es wäre jetzt wichtig, die Organisierung einer ersten NAO-Vorkonferenz in Angriff zu nehmen, um den Status der einzelnen Beteiligten am NAO-Prozess zu bestimmen (Gast, Beobachter, Sympathisant, Kern NAO). Vielleicht könnten sich dann die Bochumer vorstellen, als Strömung oder Plattform sich am Organisationsaufbau zu beteiligen, allerdings müssen eben auch genügend Schnittstellen vorhanden sein.

Und da habe ich Zweifel. Aber vielleicht können bis dahin auch noch mal die SIB Essentials deutlich konkretisiert werden." (13)

Vor der Gesprächsrunde mit den „Bochumer:innen" hatte nämlich ein Treffen (14) in Berlin stattgefunden, wo Vertreter:innen der „Sozialistischen Initiative Berlin (SIB)", der „Sozialistischen Kooperation (SoKo)", der Redaktion ‚scharf-links', des „Revolutionär Sozialistischen Bundes (RSB)", der „Internationalen Kommunist:nnen (InterKomm)", der „Revolutionär Sozialistischen Organisation (RSO)" und der TREND-Redaktion teilgenommen hatten. Auf diesen Debattenstand bezogen sich die Vorbehalte von „Systemcrash", denn während dieses Treffens war von Seiten der „SIB" der Vorschlag zur Bildung von „Plena der subjektiven RevolutionärInnen" eingebracht worden. Diese „Plena" sollten „die Debatte um die neue antikapitalistische Organisation und eine gemeinsame Praxis voranbringen" helfen. Der Vorschlag bedeutet unausgesprochen eine Grenzziehung zum „Bochumer Programm".

Mitte Februar 2012 trafen sich 15 Genoss:innen aus der TREND Redaktion und dem AKKA, um sich über ihre Widersprüche zu den politischen Konzepten der „Bochumer:innen" und der „SIBler:innen" zu verständigen. Daraus ergaben sich inhaltlich weitere TREND-Gespräche zur ideologischen Begleitung des „NaO-Projekts", beginnend am 5. März 2012 mit dem 4. Thema „Keine Revolution ohne Dekonstruktion?!" Eine von Detlef Georgia Schulze (SIB) initiierte Gesprächsrunde, um für den Dekonstruktivismus als philosophischen Überbau der „NaO" zu werben (15)

Das 5. TREND-Gespräch „Theorien (in) der Krise" folgte am 27. März 2012. Beide Gesprächsrunden fanden in Absprache mit der SIB statt. Gerade das Krisenthema war zu diesem Zeitpunkt im Fokus der Milieulinken. Denn für den 31. März 2012 hatte das „Ums Ganze Bündnis" nach monatelanger Vorbereitung zusammen mit Gruppen aus verschiedenen europäischen Ländern unter dem Label „M31" einen europaweiten, antikapitalistischen Aktionstag organisiert, der als bundesweite zentrale Demo in Frankfurt/M. seinen Höhepunkt haben sollte (16). Daher wurde das 5. TREND-Gespräch auf Wunsch der SIB als „Teil der Berliner M31 Mobilisierung" angekündigt. Dazu hatte die SIB eine synoptische Gegenüberstellung ihrer Thesen und der von Guenther Sandleben (AKKA) vertretenen krisentheoretischen Positionen erstellt. Sandleben machte in seinen Thesen deutlich:

„Das „ökonomische Bewegungsgesetz der modernen Gesellschaft", von Marx/Engels vor allem in den drei Bänden des Kapitals formuliert, beansprucht Gültigkeit für die gesamte kapitalistische Epoche – also auch für unsere Zeit. Es äußert sich u.a. in der Empörung der modernen Produktivkräfte gegen die Eigentumsverhältnisse. Die heutige Krise ist eine periodisch auftretende Äußerungsform dieses Gegensatzes." (17)

Sandlebens Krisentheorie, die ihre Grundlagen in der Marxschen Kapitalkritik hat, und seine daraus abgeleiteten Einschätzungen zur aktuellen Lage befanden sich im Konsens mit den krisentheoretischen Ansichten des AKKA und der TREND-Redaktion. Hingegen hatte sich das Verhältnis zwischen Robert Schlosser und der TREND-Redaktion deutlich abgekühlt. Das Freezing wurde schlussendlich durch die kritischen Einwände von Schubert gegen die politischen „Schnellschüsse" des syndikalistischen „Bochumer Programms" (18) befördert. Daraufhin beendete Schlosser im Frühsommer 2012 nach acht Jahren seine Mitarbeit bei TREND. Für ihn war das Bochumer Programm eine persönliche „Richtungsentscheidung", für die er keine bzw. ausreichende Unterstützung bei TREND erhalten hatte. Folgerichtig stieg er sofort bei Wal Buchenbergs „Marx-Forum" als Moderator und Administrator der Diskussionsgruppe „Bochumer Programm" ein. Allerdings verließ er ein Jahr später dieses Projekt mit der Feststellung, dass die Arbeit an diesem Programm gescheitert sei (19). Zur TREND Onlinezeitung kehrte er bedauerlicher Weise als Autor nie mehr zurück.

Das 6. TREND-Gespräch hatte am 10. April 2012 die kapitalistische Wohnungspolitik zum Thema (20). Es nahmen über 30 Leute überwiegend aus dem Spektrum der Stadtteil- bzw. Mieter:innen-Initiativen teil. Ein Thema, das im „NaO-Projekt" bisher viel zu kurz gekommen war. Der Titel, der von Detlev Kretschmann konzipierten Veranstaltung „Wie den Krieg gegen die Paläste führen?" legte den Fokus auf die militante Hausbesetzer:innenbewegung der 1980er Jahre in Westberlin. Der Rückblick war eigentlich als ein Blick nach vorn gedacht, denn es verging kein Monat mehr in der BRD, wo es nicht in einer der Großstädte zu Protesten und Aktionen kam, die sich gegen die kapitalistische Vernutzung von Wohnraum und die Unterdrückung nichtkommerzieller Freiräume wendeten (21) und denen augenscheinlich nur noch die Militanz der 1980er Jahre fehlte. Gleichsam als Verlängerung des wohnungspolitischen TREND-Gesprächs unterstützte die Redaktion, die von Mieter:innen in Kreuzberg für den 1. Mai angekündigte linke Demo durch Veröffentlichung ihres Aufrufs: „Verdrängung verhindern – Mieten senken – Immobilienkonzerne enteignen!"(22).

Für Sonntag, den 6. Mai 2012 wurde im Rahmen von „Dr. Seltsams Wochenschau" eine Talk-Runde mit dem Titel „Eine neue Organisation für subjektive Revolutionär:innen! Notwendig oder überflüssig?" im Brauhaus Südstern angekündigt. Da der eingeladene „Avanti-Vertreter" nicht erschien, wurden zwischen den beiden SIB und TREND Referenten nur ihre bereits bekannten Positionen ausgetauscht, ohne dass jedoch eine Annäherung erzielt werden konnte.

Inhaltlich deutlich anspruchsvoller verliefen hingegen die beiden danach stattfindenden TREND-Gespräche. Im Gespräch Nr. 7 über "Männer und Emanzipation" standen am 24. Mai 2012 Fragen zu einer neuen Organisations- und Kritikkultur im Mittelpunkt der Aussprache. Sie wurden angestoßen durch Thesen des Moderators dieser Runde, Michael Klockmann, und sollten zu einem gemeinsamen Brainstorming zur Genderfrage führen (23). Sehr zielorientiert wurde das Gespräch Nr. 8 am 28. Juni 2012 über "Revolutionären Kommunismus in der Partei DIE LINKE" geführt (24). Dies geschah anhand von drei Referaten, worin die Genoss:innen der „Proletarischen Plattform" ihre programmatischen Eckpunkte darstellten. Wenn auch ihre strategischen und taktischen Überlegungen nicht mehr als die Summe subjektiver Meinungen von einer handvoll Plattform-Genoss:innen in der Linkspartei waren, so war der klassenpolitische Unterschied zu den bisherigen milieulinken „NaO"-Beiträgen von SIB & Co. deutlich erkennbar.

Seit Anfang des Jahres 2012 wurde bei SIB & Co an einem politischen Manifest gearbeitet, um endlich über programmatische Leitplanken für eine Parteigründung zu verfügen. Dabei ergoss sich ein mäandernder Strom an Veröffentlichungen auf dem „NaO-Blog" (25), der anschaulich widerspiegelte, wie der Diskurs sich immer weiter von einer sozialemanzipatorischen Klassenpolitik entfernte. Während der AKKA für eine dialektisch-materialistische Verbindung von Theorie und Praxis im Parteibildungsprozess zur Herstellung der Einheit der Klassenlinken eintrat, womit auch der Blick auf den damit verbundenen ideologischen Kampf gerichtet werden sollte, betrachteten die aus dem postautonomen Milieu stammenden Kräfte im „NaO-Projekt" die diskursive Klärung von Begriffsinhalten (wie z.B. subjektive Revolutionäre, gesellschaftliche Unterdrückungslinien und Klassenverhältnisse) als die entscheidende Herangehensweise an den Parteibildungsprozess. Andere, eher praktisch arbeitende Gruppen, wie etwa die „Sozialistische Kooperation (SoKo)", machten sich besonders für die Erarbeitung eines ökonomistischen Akti-

onsprogramms mit griffigen Losungen stark. In Vorbereitung des bundesweit beworbenen „NaO-Treffens" zum Monatswechsel August/September
2012 spitzte sich dieses ideologische und organisatorische Durcheinander
noch zu. Denn die dazu einladende SIB hatte die Teilnehmer:innen selbst-
herrlich in Gruppen mit unterschiedlichen Teilnahmerechten eingeteilt.
Mit diesem Geschäftsordnungstrick sollte dem AKKA auf diesem Meeting
die Stimmberechtigung verweigert werden. Das brachte beim AKKA das
Fass zum überlaufen. Unter diesen Bedingungen beendete der AKKA bei
Eröffnung der Wochenendtagung seine Mitarbeit im „NaO-Projekt". In
seiner Begründung schrieb er:

> „Im krassen Widerspruch zu der Unverbindlichkeit im Praktischen
> und zur Beliebigkeit im Theoretischen, steht der Versuch, das Vor-
> handensein einer Art von gemeinsamer Organisation zu simulieren.
> Nach innen geschieht dies durch die virtuelle Struktur zweier ge-
> trennter Mailinglisten (Diskoliste für Alle, Entscheidungsliste für Be-
> auftragte). Nach außen durch den von der SIB redaktionell betreuten
> NaO-Blog. Er simuliert für die virtuelle Öffentlichkeit nicht nur
> Strukturen (NaO vorort), sondern bereits schon Organisationshierar-
> chien (Vollbeteiligte, weitere Vollbeteiligte, BeobachterInnen, Papier-
> autorInnen, VeranstaltungsteilnehmerInnen)." (26)

Die Diskussionslinien, die sich im NaO-Prozess fortan entwickelten,
waren im Wesentlichen von einem milieulinken Meinungsstreit um Formulierungen bestimmt. Ein Teil betrieb „Theorie als Praxis" während der
andere „Praxis ohne Theorie" bevorzugte. Abgesehen von einem Untersu-
chungspapier zur politischen Ökonomie der Krise dominierten bei Letzte-
ren nur aus der Anschauung gewonnene Ansichten trotzkistischer Prägung, die für sie jedoch „nicht in Stein gemeiselt" waren, was wiederum
einen prinzipienlosen Opportunismus bemänteln half. Die postautonomen
Kräfte instistierten hingegen weiterhin kompromisslos und wortreich darauf, dass alle Unterdrückungsformen als gleichgewichtig bewertet werden müssten und dies im zukünftigen Manifest zur Gründung der „NaO"
festzuhalten sei. Folglich blockierten sie damit die Fertigstellung des
„NaO-Manifests", welches dem Aufbau einer „antikapitalistischen" Organisation seine programmatischen Grundlagen geben sollte.

Im Herbst 2013 verlangten die trotzkistischen Kräfte nach zweieinhalb
Jahren sich windender Programmdebatte, diese durch einen Kompromiss
zwischen den streitenden Lagern endlich zu beenden. Dazu kam es nicht.
Stattdessen stellten Detlef Georgia Schulze und „Systemcrash", beide von

der SIB, sowie die Berliner Gruppe „Internationale Kommunist:innen"
und die trotzkistische Minigruppe „Internationale Bolschewistische Tendenz" ihre Mitarbeit im „NaO-Projekt" ein (27). Nichts desto trotz konnte
Michael Prütz von der SIB wenige Tage später via Internet verkünden,
dass ab sofort mit der Gründung der „Neuen Antikapitalistischen Organisation" in Berlin begonnen werde.

Die formelle Gründung der „Neuen antikapitalistischen Organisation
(NaO)" erfolgte dann allerdings erst anderthalb Jahre später am 15. Februar 2014. In den darauffolgenden zwei Jahren trat die NaO als ein volun-
taristisches Projekt – gebildet aus einem Ensemble „subjektiver Revolutionäre" – in Erscheinung. Es verfügte zudem nur über geringe politische
und soziale Verbindungen zur Arbeiter:innenklasse und kam auch über
Agitation und Propaganda in milieulinken Spektren nicht hinaus. Das
„NaO-Projekt" zerbrach schließlich an inneren Meinungsverschiedenhei-
ten und teilte am 2. März 2016 – kurz nachdem das Programm veröffentlicht worden war – seine Auflösung mit.

Ein halbes Jahr später entwickelte sich zögerlich unter einigen ehemaligen „NaO"-Protagonist:innen ein Interesse an einer Aufarbeitung des
Scheiterns ihres Parteiexperiments. Auch in der TREND-Redaktion gab
es Überlegungen, sich an einer solchen Aufarbeitung zu beteiligen, denn
trotz ihrer negativen Erfahrungen hatte die Onlinezeitung das Parteipro-
jekt politisch beobachtend mit entsprechenden Veröffentlichungen bis zu
seinem Ende begleitet (29). Aus diesem Grund traf sich die Redaktion mit
ehemaligen „NaO-Genoss:innen", die sich rückblickend kritisch mit dem
Scheitern ihres Projekts befassten. In diesen Gesprächen gelang es, Michael Prütz und Detlef Georgia Schulze, zwei vormals führende Köpfe des
Projekts, für eine Veranstaltung über die Gründe des Scheiterns der
„NaO" zu gewinnen.

Die gut besuchte Veranstaltung fand am Dienstag, den 8. November
2016 in der „K9 - Veranstaltungsetage" in Berlin-Friedrichshain statt (29).
Das erwartete selbstkritische Gespräch erwies sich leider als ein Flop. Zu
sehr dominierten überwiegend gefühlte politische Wahrheiten, geformt
aus der Froschperspektive ihres ehemaligen Minizirkels.

Es wird empfohlen die Quellen bei Infopartisan hinzuzuziehen:
http://www.trend.infopartisan.net/geschichte/NAO/NAO.html

Epilog

Don't you understand what I'm trying to say
Can't you feel the fears I'm feeling today?
If the button is pushed, there's no runnin' away
There'll be no one to save with the world in a grave
Take a look around you boy, it's bound to scare you, boy

Barry McGuire 1965

Im Editorial der TREND Juniausgabe 2020 hieß es, dass es dem herrschenden politischen Personal mit seiner Deutungshoheit bisher gelungen sei, die ökonomische Krise des globalisierten Kapitalismus als „Corona-Krise" darzustellen, um mit dem zentralen Narrativ vom Schutz der „Volksgesundheit" den Umbau der demokratischen Strukturen in temporär autoritäre zu legitimieren, beginnend mit der temporären Selbstentmachtung der Parlamente und der Einschränkung der sogenannten bürgerlichen Freiheitsrechte. Dies wiederum ergänzt durch allerlei Rechtsakte zur Sicherung der Verwertungsbedingungen des Kapitals und der „Volksgesundheit". Kontaktverbote in der Öffentlichkeit sowie nächtliche Ausgehverbote wurden zur Regel. Dazu gehörten vor allem die Schließung von Friseurläden, Cafés, Kneipen, Hotels, Schulen, Kitas usw. sowie ein umfassender Masken- und Impfzwang – sogar unter Androhung der fristlosen Kündigung.

Das Gesundheitsregime befand sich zunächst in der Hand der „Großen Koalition" bestehend aus CDU/CSU und SPD und wurde ab Dezember 2021 durch die „Ampel-Regierung (SPD, Grüne, FDP) übernommen. Das Regime stützte dabei seine restriktive Politik auf sogenannte wissenschaftliche Erkenntnisse des Robert-Koch-Instituts (RKI), der zentralen Gesundheitseinrichtung des Bundes. Für deren politische Verwertung waren die Gesundheitsminister Spahn (CDU) und nachfolgend ab 8. Dezember 2021 Lauterbach (SPD) zuständig. Sie hatten auf direkte Anweisung der Bundeskanzlerin Merkel (CDU) – später Bundeskanzler Scholz (SPD) – zu handeln. Dazu gehörte vor allem die Zulassung neuer Impfstoffe zu organisieren, wobei der Staat anstelle der Pharmakapitalisten die Produkthaftung übernahm, was ansonsten nicht üblich ist. Für exekutive Entscheidungen lieferte das RKI immer das jeweilige Zahlenmaterial über Ausmaß und zum Forschungsstand der Corona-Pandemie. Der jeweilige Gesundheitsminister zog daraus verbindliche politische Schlüsse und ließ diese exekutieren. So wollte z.B. das RKI das „Corona-Risiko" aufgrund exakt ausgewiesenen Zahlenmaterials im Februar 2022 herabstufen, um zivile Lockerungen zu ermöglichen. Lauterbach hielt dies politisch nicht für geboten und untersagte die Herabstufung von Amts wegen.

Während der Pandemie erstarb das öffentlichen Leben zunehmend durch umfassend digital überwachte und staatlich durchgesetzte „Lockdowns", bis schließlich Anfang Februar 2023 die letzten Schutzmaßnahmen des Staates wie z.B. die Maskenpflicht beendet wurden. Durch diese „Lockdowns" wurde eine ganze Generation von Kindern und Jugendlichen in ihrer Entwicklung nachhaltig psychisch und gesundheitlich geschädigt. Insgesamt machten bis Ende 2023 rund 12.000 Menschen Ansprüche gegen den Staat aufgrund dauerhafter Gesundheitsschäden durch die Zwangsimpfung geltend. Davon wurden bisher laut Tagesschau vom 22. Januar 2024 lediglich 467 Ansprüche anerkannt.

Auch die kapitalistische Verwertung des Werts bekam Dellen. Im produzierenden Gewerbe gab es vor allem Schwierigkeiten, Rohstoffe und Zwischenprodukte zu beziehen. Hinzu kamen die Stornierungen aus dem Ausland. Durch Digitalisierung und Homeoffice entwickelte sich allerdings auch eine deutliche Zunahme des Onlinehandels sowohl im Privatwie auch im Firmenkundenbereich. Der anhaltende Ausbau des neoliberal organisierten Kapitalismus, d.h. auf eine am Marktgeschehen als treibende Kraft der Wertrealisierung ausgerichtete Profitmacherei, gerahmt durch die Dominanz des Finanzkapitals hatte nicht nur das Verhältnis zwischen Staat und Kapital verändert, sondern drückte sich auch im Alltagsbewusstsein durch die ideologische Überbetonung des persönlichen Individuums im gesellschaftlichen Ganzen aus. Damit trugen die Jahre des autoritären Gesundheitsregimes wesentlich dazu bei, ein obrigkeitsstaatliches Massenbewusstsein neuer Qualität zu formen.

Bereits zu Beginn der Pandemie hatte der stets um „Gobal Governance" bemühte Klaus Schwab, Gründer und Organisator des Weltwirtschaftsforums von Davos, für einen am Neoliberalismus ausgerichteten Wertewandel die Stimme erhoben. In seinem 2019 veröffentlichten Buch „Der große Umbruch" stellte er dar, dass die globale Corona-Pandemie der geeignete Hebel sein kann, einen solchen Wandel im Format eines „neuen Gesellschaftsvertrages" global zu verankern. Als wichtige Multiplikator:innen für sein mit Schlagworten und Containerbegriffen angereichertes Narrativ betrachtete er linksliberale und sozialdemokratische Parteien sowie die Klimabewegung.

Folgen wir den Ausführungen von Tove Soiland in ihrem Aufsatz, erschienen im „ARGUMENT 341/2023", dann erzeugte diese Unterordnung des Individuums unter die Zumutungen des autoritären Gesundheitsregimes runderneuerte ideologische Eckpunkte für einen möglichst widerspruchsfreien Anschluss an staatlicherseits   definierte und medial vermittelte „political correctness". Dazu brauchte es keine „charismatischen Führerfiguren" mehr sondern „Expert:innen", die sich um der Sache willen lösungsorientiert und ideologiefrei für eine weltoffene, multikulturelle und inkludierende Gesellschaft engagieren.

Nicht nur grüne und linkssozialdemokratische Kräfte engagierten sich für die paternalistischen Maßnahmen des Gesundheitsregimes sondern auch die außerparlamentarische Linke. Klassensoziologisch betrachtet handelte es sich bei diesen um soziale Milieus, die zur akademische Mittelklasse gehören. Wer sich diesem Mainstream entgegenstellte, wurde kurzer Hand in der medialen Öffentlichkeit als „Schwurbler" oder „Verschwörungstheoretiker" stigmatisiert. Solche überheblichen Beschimpfungen und Herabwürdigungen konnten auf diese Weise im Massenbewusstsein zu einer kompatiblen Andockstelle für das reaktionäre Gedankengut der nationalkonservativen AFD mit ihrem neofaschistischen Umfeld werden. Gleichsam am Spielfeldrand verstört zuschauend waren weder Milieu- noch Klassenlinke in der Lage, diesem Rechtsruck bei gleichzeitiger Abgrenzung vom herrschenden Gesundheitsregime kapital- und ideologiekritisch entgegenzutreten.

> *„Der Kapitalismus trägt den Krieg in sich*
> *wie die Wolke den Regen."* Jean Jaurès

Mitten in der Pandemie am 24. Februar 2022 überfielen russische Truppen zu Lande, Wasser und Luft völkerrechtswidrig die Ukraine. Dieser Krieg war seit Ende der 1990er Jahre quasi vorprogrammiert durch eine wechselseitige Eskalationsgeschichte, die durch die Ausdehnung von NATO- und EU-Einflusssphären in den östlichen Teilen Europas geprägt war. Auf diesen Eklat hatte sich die Ampel-Koalition für ihre Regierungsübernahme im Dezember 2021 rechtzeitig ideologisch vorbereitet. Sie schrieb dazu in der Präambel ihres Koalitionsvertrages:

„Der Einsatz für Frieden, Freiheit, Menschenrechte, Demokratie, Rechtsstaatlichkeit und Nachhaltigkeit ist für uns unverzichtbarer Teil einer erfolgreichen und glaubwürdigen Außenpolitik."

Am 27. Februar 2022 konkretisierte Kanzler Scholz in seiner Regierungserklärung unter dem Leitbegriff „Zeitenwende", was dies im Hinblick auf den russischen Einmarsch in die Ukraine militärisch zu bedeuten habe:

„Was für die Sicherung des Friedens in Europa gebraucht wird, das wird getan. Deutschland wird dazu seinen solidarischen Beitrag leisten. Das heute klar und unmissverständlich festzuhalten, reicht aber nicht aus; denn dafür braucht die Bundeswehr neue, starke Fähigkeiten."

Fast zwei Jahre nach dem anhaltenden Massensterben im Ukrainekrieg stellte sich auch noch die IG Metall unmissverständlich auf die Seite der Kriegstreiber. In einer Pressemitteilung teilte die Gewerkschaft am 4. Februar 2024 mit, dass sie gemeinsam mit dem SPD-Wirtschaftsforum und dem Bundesverband der Deutschen Sicherheits- und Verteidigungsindustrie (BDSV) ein Positionspapier erarbeitet habe, um „die eigenen Verteidigungsfähigkeiten in den Dimensionen Land, Luft und See" mit dem Ziel weiterzuentwickeln und um „die Leistungsfähigkeit der Industrie zu sichern und ihre Möglichkeiten zur Entwicklung und Produktion zu steigern".

Seit Jahresmitte 2024 werden zunehmend PR-Maßnahmen der Bundeswehr ergriffen, um im Alltagsbewusstsein mittels Social-Media-Kampagnen die Figur eines Soldaten zu modellieren, der sein Leben für die Sicherung der westlichen Wertewelt zur Verfügung stellt. Die „taz" vom 8. Juli 2024 stellte dazu fest: „Karriere" ist bei dieser Kampagne das große Werbestichwort. Dass eine „mögliche Stufe auf dieser Karriereleiter das Töten anderer" bedeutet, fände dagegen keine Erwähnung. Nach einigen Monaten dieser ideologischen Neuausrichtung meldete am 4. November 2024 die „Junge Welt", dass alle Männer, die demnächst achtzehn werden, einen Onlinefragebogen der Bundeswehr zum pflichtgemäßen Ausfüllen erhalten werden. Nach Auswertung der Bögen durch die Bundeswehr sollen dann 10.000 junge Männer zur Musterung geladen werden. Auch Erwerbslose sollen zukünftig für die Bundeswehr gewonnen werden. Dazu unterzeichneten „Wehrertüchtigungsminister" Pistorius (SPD und Parteifreundin Andrea Nahles, Chefin der Bundesagentur für Arbeit (BfA), eine entsprechende Vereinbarung.

Der Ukraine-Krieg ist ungeschminkt betrachtet einer um imperialistische Einflusssphären eines weltweit agierenden Kapitals mit nationalstaatlichen Wurzeln, zu dessen Teilnahme auf Seiten der Ukraine sich die BRD durch eine „wertegeleitete" Argumentation legitimiert, bestehend aus Narrativen, wie sie während der Corona-Pandemie vorgeformt wurden.

Wenn auch viele Menschen durch ihre Unterordnung unter das autoritäre Corona-Gesundheitsregime mental auf diese Wertewelt erfolgreich ausgerichtet werden konnten, scheint jetzt im vierten Jahr des Ukrainekriegs und der anderen Kriegsherde dieses Alltagsbewusstsein langsam brüchig zu werden. Doch selbst wenn immer mehr Menschen in unserem Land vom Block der kriegsbejahenden Parteien Abstand nehmen sollten, bleibt es ein Faktum, dass es ihnen dabei an einer klassenpolitischen Orientierung fehlt, die es ermöglicht, eine an ihren Interessen als Lohnabhängige und Prekäre ausgerichtete Antikriegspolitik theoretisch und praktisch zu entwickeln.

Als wir Genoss:innen und Freund:innen der sozialistischen Jugend „Die Falken" Ostern 1966 erstmalig in Westberlin mit anderen Gruppen auf die Straße gingen, um unter der Parole „Ban the bomb!" für Frieden und gegen die Kriegstreiber in der Welt aufzutreten, hatten wir als „Ostermarschbewegung" klassenpolitische Zusammenhänge erst einmal nicht im Kopf. Vielmehr waren wir getriggert von Barry McGuire`s „Eve of Destruction" sowie Songs von John Baez und Pete Seeger. In den darauffolgenden Jahren der Revolte musste sich daher die Jugend- und Studierendenbewegung zunächst einmal von der Kritischen Theorie abnabeln, die damals ähnlich wie heute ein poststrukturalistisches Theoriekonglomerat den Marxismus weltanschaulich überformt.

Dies war für uns damals ein widerspruchsvoller Prozess, in dem wir uns sukzessive die Kritik der politischen Ökonomie von Karl Marx in ihren Grundzügen als weltanschauliche Voraussetzung unserer politischen Praxis aneigneten. Infolgedessen entwickelte sich in unserer antiimperialistischen Solidarität mit dem Vietcong eine sozialistisch orientierte Friedens- und Gesellschaftspolitik, die in den 1960er/70er Jahre in der Öffentlichkeit als meinungsbildende Kraft wirken konnte.

Ich denke, dass heute solch ein Paradigmenwechsel in der Friedenspolitik nicht nur dringend erforderlich ist, sondern prinzipiell auch möglich sein wird. Dafür wird es allerdings nicht ausreichen, der staatlich gepushten Kriegstrunkenheit und dem ständigen Gerede von der Stärkung der „Wehrtüchtigkeit" mit moralisierenden Argumenten entgegenzutreten, so wie es Kräfte aus der linkskonservativen Mitte der Gesellschaft seit Ausbruch des Ukraine-Krieges versuchen.

Eine klassenorientierte Friedenspolitik muss m. E. eine Auswertung unserer damaligen Erfahrungen und Fehler mit einbeziehen, um zu akzeptieren, dass unter den heutigen Verhältnissen ebenso wie damals ein friedenspolitischer Wertewandel nach links kurvenreich und zeitintensiv ablaufen wird.

Dass Karl Liebknechts Anti-Kriegs-Ruf von 1915 „Der Hauptfeind steht im eigenen Land!" wieder auf den Straßen wirkmächtig erschallt, wird aber vor allem nur möglich werden, wenn wir unsere Politik auf die Analyse der heutigen Klassenstrukturen in den Ländern stützen, die von imperialistisch agierenden Kapitalmächten geprägt werden. Es wäre auch fatal, wollte mensch weiterhin ignorieren, dass durch die Implosion der nominalsozialistischen Staaten bzw. durch die Fortexistenz von wenigen in Gestalt von staatskapitalistischen Systemen das praktisch-politische Interesse an einer dialektisch-materialistischen Weltanschauung auf der Höhe der Zeit in der BRD gesellschaftlich weitgehend erloschen und daher wiederherzustellen ist.

Es gibt viel zu tun – packen wir es an!
KHS im Frühjahr 2025

Trier vor der Porta Nigra am 14. Mai 2013

Quellenverzeichnisse

1995 - Eine Idee wird geboren

1) TREND 2/1995, herausgegeben von Detlev Kretschmann, Günter Langer, Karl-Heinz Schubert http://www.trend.infopartisan.net/reprints/trend_gew/trend02_1995.pdf

2) TREND 3/1994, herausgegeben von der GEW-Bezirksleitung Kreuzberg http://www.trend.infopartisan.net/reprints/trend_gew/trend3-94.pdf

3) TREND 1/1995, herausgegeben von der GEW-Bezirksleitung Kreuzberg http://www.trend.infopartisan.net/reprints/trend_gew/trend1-95_extra.pdf

4) TREND Extrablatt, http://www.trend.infopartisan.net/reprints/trend_gew/trend_20-6-95.pdf

5) TREND Offener Brief, http://www.trend.infopartisan.net/reprints/trend_gew/trend_09-95.pdf

6) Geronimo: Zur Geschichte der Autonomen von 1968-1988 Edition ID Amsterdam 1990

7) Grauwacke, A.G.: Autonome in Bewegung, Assoziation A, Berlin Hamburg Göttingen, o.J.

8) Hagen, Patrick: Die Antideutschen und die Debatte der Linken über Israel, Kapitel 2.1, http://www.trend.infopartisan.net/trd0405/t030405.html

9) associazione delle talpe: Postnazismus, Staatsableitung, Zivilgesellschaft? http://www.trend.infopartisan.net/trd1211/antideutsch-antinational-hegemonial.pdf

10) Jacob, Günther: Ich-Identität und nationale Identität, in: Wohlfahrtsausschüsse (Hg.), Etwas Besseres als die Nation, Rotation Vertrieb Berlin 1994, S.62-74

11) Lokk, Peter: Zur Geschichte von CL-Netz und LINK-M, in: Wem gehört das Internet? Dokumentation zum Kongress „20 Jahre Vernetzung" 16. und 17. November 2007, München, Verlag Dr. Gabriele Hooffacker, München 2008, Seite 17-31

12) Lang, Susanne: Eine kurze Geschichte des Internets, PROKLA. Verlag Westfälisches Dampfboot, Heft 186, 47. Jg. 2017, Nr. 1, 7-25

13) Kuch, Alexander: Compuserve - Online-Dienst und Pionier des Internet-Zeitalters, https://www.teltarif.de/tag/autor/alexander-kuch/

1996/97 - Start auf der Datenautobahn

1) Trend vom 31. Januar 1996, http://www.trend.infopartisan.net/start/index.html

2) Brandt, Sonja u. Christian Westerhoff: Mit Filzstift und Tesafilm - als Social Media noch „Wandzeitung" hieß, https://journals.wlb-stuttgart.de/ojs/index.php/wlbf/article/view/151/165

3) Datenbank des deutschsprachigen Anarchismus : https://autox.nadir.org/archiv/medien/radikal/allgemein.html

4) Industrial Workers of the World https://www.iww.org

5) http://www.trend.infopartisan.net/trendprint/trendprint01-96.pdf

6) http://www.infopartisan.net/archive/rag/index.html

7) Baumgärtel, Tilman: Der Link der Linken, TAZ vom 9.5.1996, S. 12

8) Zitty - Das Stadtmagazin für Berlin, Ausgabe Nr. 15, Juli 1996, S.11

9) Wikipedia - PC Professionell: https://de.wikipedia.org/wiki/PC_Professionell

10) Pl@net" Webguide 01/96, Ziff-Davis Verlag GmbH München, München 1996, S.30f

11) Angela Marquardt Homepage – gespiegelt: https://www.nadir.org/nadir/initiativ/r_ver/hinter/zensur/zensu08.htm

12) Marcuse, Herbert: Repressive Toleranz, in: Robert Paul Wolff, Barrigton Moore, Herbert Marcuse: Kritik der reinen Toleranz, Edition Suhrkamp181, Frankfurt/Main 1966, S.93

13) Marcuse, Herbert ebd. S. 106f

14) Lang, Susanne: Eine kurze Geschichte des Internets, a.a.O.

15) Ludl, Andreas u. Anton: Liberalisierung der Telekommunikation - Gesetze und Verordnungen, Deutsche Zeitschrift für Wirtschafts- und Insolvenzrecht (DZWIR), 1997, S.170-173

16) telegraph: https://telegraph.cc/ueber-uns/

17) Kunst der Gegenwart, Springer Bd.II, Heft 3, Wien, Okt/Nov. 1996

18) Anklageschrift A. Marquardt: http://www.infopartisan.net/archive/trend/trend97/pa019705.html

19) Baumgärtel, Tilman: „Linke und Hyperlinke"; http://www.trend.infopartisan.net/TREND-erste-VA-baum.html

20) Stafford Ann: Linke Links – mit trend im netz, http://www.trend.infopartisan.net/TREND-erste-VA-staff.html

21) Koenen, Gerd: Das Rote Jahrzehnt. Unsere kleine deutsche Kulturevolution, Kiepenheuer & Witsch, Köln 2001, S.452

22) Panic Usenet: Netzkommunikation in (Un-)Ordnung, WZB Discussion Paper FS II 97-106, Wissenschaftszentrum Berlin, Juli 1997, darin besonders Punkt 3.3 Akteursgruppen und ihr Handlungspotential; https://duplox.wzb.eu/texte/panic/index.html

23) Prozesskurzbericht vom 4.2.1997 http://www.infopartisan.net/archive/trend/trend97/pa029703.html

24) XS4ALL-Email vom 16.4.1997: http://www.infopartisan.net/archive/trend/trend97/fo049720.html und

25) Helmers, Sabine: Gewitterwolken am Netzhorizont. Neue Blockademaßnahmen gegen XS4ALL, https://duplox.wzb.eu/texte/gwttr/index.html

26) Projektgruppe Kulturraum Internet: Endbericht, Wissenschaftszentrum Berlin für Sozialforschung (WZB) und Technische Universität Berlin (TUB), Herbst 1998; https://duplox.wzb.eu/endbericht/sabine.htm

27) trend-SERIE 2 Juni 1967: Aufruhr und Revolte, http://www.infopartisan.net/archive/1967/index.html

28) Email des RefRat HUB vom 7.5.1997, http://www.infopartisan.net/archive/bok/bokpm.html

29) trend-PM zum Benno-Ohnesorg-Kongress vom 26.5.1997, ebd.

30) Benno-Ohnesorg-Kongress – Veranstaltungseite: http://www.infopartisan.net/archive/bok/index.html

31) Bozic, Ivo: Wie man einen Dschungel pflanzt, in: Jungle World Nr. 26/2007 vom 27.6.2007

32) TREND-Pressemitteilung vom 1.6.1997, 17.00 Uhr http://www.infopartisan.net/archive/bok/bokn01.html

33) Soiliseiten für die INTERIM, ab 13.6.1997 im Netz: http://infopartisan.net/archive/INTE-RIM/Intersol.html

34) "Interim" im Internet, in: TAZ vom 13. 6. 1997

35) Ein Prinzip kann man nicht verbieten! http://www.infopartisan.net/archive/INTE-RIM/wueu.html

36) autonome a.f.r.i.k.a. gruppe: Handbuch der Kommunikationsguerilla, Verlag libertäre Assoziation Hamburg, 1. Auflage 1997, S.193ff

37) TREND-Redaktion: Virtuelle Räume erhalten bzw. ausbauen; http://www.infopartisan.net/archive/trend/trend97/fo099722.html

1998 bis 2004 - TREND als Teil vom Ganzen

1) Worte des Vorsitzenden Mao Tse-tung, Verlag für fremdsprachige Literatur Peking, 1967, 1. Auflage, S. 287f, online: http://infopartisan.net/archive/maobibel/maobibel.html

2) Wenn nicht anders ausgewiesen, stammen die Informationen auch die nachfolgenden von: Zensur und Providerwillkür gegen trend, http://www.infopartisan.net/archive/trend/trend98/will.html

3) Marx gelöscht, TAZ vom 5.2.1998, online: https://jungle.world/artikel/1998/06/marx-geloescht

4) Linkskurve – Thesen: http://www.infopartisan.net/archive/trend/trend98/internet/new54.html

5) Langer, Günter: High sein, frei sein, im Internet dabei sein, TAZ vom 11.4.1998

6) Sammelplatz für die Partisanen im Netz, online: https://taz.de/!1341768/

7) Die virtuelle Wandzeitung ; https://web.archive.org/web/19990221121612/http://www.partisan.net/guestbook/guestbook.html

8) Massaker von Racak ; https://de.wikipedia.org/wiki/Massaker_von_Ra%C4%8Dak

9) KOSOVO Antikriegsseite; http://www.infopartisan.net/archive/kosovo/index.html

10) TREND-Archiv „Imperialismus & Klassenkämpfe weltweit"; http://www.trend.infopartisan.net/geschichte/index.html#imp

11) Bernd Rabehls politische Biografie siehe: https://de.wikipedia.org/wiki/Bernd_Rabehl und **Peter Kratz und Lorenz Schrötter:** FU-Dozent Bernd Rabehl: 68-89-33, online: http://www.trend.infopartisan.net/trd0200/t080200.html

12) Schluß mit dem braunen Spuk auf dem Partisan.net-Server, online: http://www.trend.infopartisan.net/trd0699/t010699.html

13) Revolte für Rechts, online: http://www.trend.infopartisan.net/trd0999/edit.html

14) TREND: Mitteilungen in eigener Sache, online: http://www.trend.infopartisan.net/trd1299/edit.html

15) Kleps, Erhard: DDR 1989/90, https://www.ddr89.de/

16) TREND-Archiv: Autonome versus Antideutsche, online: http://www.trend.infopartisan.net/geschichte/Au-An/aa.html

17) Gietinger, Klaus: Die Kommune von Kronstadt, http://www.trend.infopartisan.net/trd0202/t090202.html oder **Gruppe Revolution Times**: Der bürgerliche Charakter des Bolschewismus, http://www.trend.infopartisan.net/trd1202/t231202.html

18) Schulz, Peter: Revolte.net. Wer oder was steht dahinter und warum?, http://www.trend.infopartisan.net/trd0500/t250500.html

19) Baumgärtel. Tilman: Zurück in die Wirklichkeit, Berliner Zeitung vom 22.1.2001, online: http://www.trend.infopartisan.net/trd0101/t290101.html

20) Worte des Vorsitzenden Mao Tse-tung: http://infopartisan.net/archive/maobibel/mao-bibel.html

21) Mao Tse-tung Werke; in deutscher Sprache, übersetzt von Hifei Tsin, http://infopartisan.net/archive/maowerke/index.htm

22) Linke Buchtage Berlin: http://infopartisan.net/linkebuchtage/index.html

23) Partisan.net – 02.02.2004; https://web.archive.org/web/20040202090021/http://partisan.net/inhalt.html

24) SDS-Webside; https://web.archive.org/web/20020125100910/http://www.sds.partisan.net/

25) Der ultimative Antiimperialismus; https://web.archive.org/web/20031126031840fw_/http://www.members.partisan.net/forum/forum3/sds.html

26) Irak-Krieg; https://de.wikipedia.org/wiki/Irakkrieg

27) Erklärung der Bahamas-Redaktion vom 10.4.2003: Bush – the Man of Peace! http://www.trend.infopartisan.net/trd0403/t710403.html

28) TREND Editorial 4/2003: trend as usual, http://www.trend.infopartisan.net/trd0403/edit.html

29) Wikipedia – Kopftuchurteil: https://de.wikipedia.org/wiki/Kopftuchurteil

30) Langer, Günter: Osama ante Portas, http://www.trend.infopartisan.net/trd1103/t151103.html

31) TREND 11/2003: Schmick, Strieder & trend, http://www.trend.infopartisan.net/trd1103/edit.html

32) Bendkowski, Halina: https://de.wikipedia.org/wiki/Halina_Bendkowski

33) Sander, Helke: https://de.wikipedia.org/wiki/Helke_Sander

34) Interview mit Halina Bendkowski zu der von ihr mitbegründeten Initiative „Becklash", in: Sabine Berghahn, Petra Rostock (Hg.): Der Stoff, aus dem Konflikte sind. Debatten um das Kopftuch in Deutschland, Österreich und der Schweiz, 2009 transcript Verlag, Bielefeld, S.476f

35) Bendkowski, Halina u. Günter Langer, Helke Sander: Offener Brief an die Integrationsbeauftragte Frau Marieluise Beck, die Frauenministerin Frau Renate Schmidt und die Justizministerin Frau Brigitte Zypries: https://web.archive.org/web/20040121093204/http://www.members.partisan.net/sds/sds06203.html

36) Schmid, Bernhard: Zur aktuellen Islam-, Rassismus- usw. Debatte im Partisan.net, http://www.trend.infopartisan.net/partisan_crash/t320204.html

37) Brym, Max: Kopftuch, Islam und „deutsche Leitkultur", http://www.trend.infopartisan.net/trd0304/t120304.html

38) Initiative gegen das Chipkartensystem: Stellungnahme zum offenen Brief "Stichwort Becklash", http://www.trend.infopartisan.net/partisan_crash/t170204.html

39) Antifaschistische Gruppen im Prenzlauer Berg: Rassismus bekämpfen! Fight SDS und „becklash"! http://www.trend.infopartisan.net/partisan_crash/t210204.html

40) Reaktionen auf die Becklash-Kampagn: http://www.trend.infopartisan.net/partisan_crash/crash20.html

41) Partisan.net implodiert! http://www.trend.infopartisan.net/trd0304/t130304.html

2004 bis 2021 - TREND in eigener Regie

1) Notwendigkeit des Kommunismus. Plattform von „il manifesto": These 65, deutsche Ausgabe, Merve Verlag Berlin 1971, S.39

2) TREND Notausgabe 3.4.2004; https://web.archive.org/web/20040411171207/http://www.linkeseite.de/trend/index.html

3) Infopartisan Startseite vom 21.4.2004: https://web.archive.org/web/20040623172802 / http://www.infopartisan.net/

4) Infopartisan Startseite vom 27.1.2021: https://web.achive.org/web/20210128060918/http://www.infopartisan.net/

5) TREND 5/2004 Editorial: http://www.trend.infopartisan.net/trd0504/edit.html

6) TREND 4/2004 Editorial - letzter Absatz: http://www.trend.infopartisan.net/trd1004/edit.html

7) Veranstaltungsankündigung: http://www.trend.infopartisan.net/trd1204/t331204.html

8) Trotzig-Kommentare: https://www.robert-schlosser.de/Soziale_Emanzipation/_private/Trotzigs-Kommentare.pdf

9) TREND Redaktion: Über die Grundlagen unserer Veröffentlichungspraxis: http://www.trend.infopartisan.net/trd0205/t010205.html

10) TREND Druckausgabe Nr.1/2005: http://www.trend.infopartisan.net/trendprint/trendprint0105.pdf

11) Ende der Bescheidenheit: https://www.mai-steine.de/heft.pdf

12) TREND Druckausgabe Mai 2005. S.1: http://www.trend.infopartisan.net/trendprint/trendprint0105.pdf

13) TREND, Druckausgabe 2/2005: Klassenkämpfe im Neo-Imperialismus, November 2005, http://www.trend.infopartisan.net/trendprint/print02_05.pdf

14) TREND Editorial 5/2005: http://www.trend.infopartisan.net/trd0605/edit0605.html

15) TREND Editorial 10/2005: http://www.trend.infopartisan.net/trd1005/edit01005.html

16) Nowak, Peter: Keine Suche nach dem Kommunismus des 21.Jahrhunderts http://www.trend.infopartisan.net/trd1105/t131105.html

17) 10 Jahre Trend – Kommunismus. Was sonst!
http://www.trend.infopartisan.net/trd1205/inhalt.html

18) TREND, Druckausgabe 3/2006
http://www.trend.infopartisan.net/trendprint/a_print03_05.pdf

19) TREND Editorial Februar 2006
http://www.trend.infopartisan.net/trd0206/edit0206.html

20) Interventionistische Linke: Wenn der Staub sich legt.
http://www.trend.infopartisan.net/trd7807/t597807.html

21) Schlosser, Robert: Kommunismus - was sonst?
http://www.trend.infopartisan.net/trd0106/t010106.html

22) Schlosser, Robert: Materialien zur Kritik der „monetären Werttheorie" :
http://www.trend.infopartisan.net/trd0306/t010306.html

23) K., Andreas: Sozialforen und Kommunismus: http://www.trend.infopartisan.net/trd0306/t080306.html

24) Wizisla, Erdmut: Benjamin und Brecht. Geschichte einer Freundschaft; Suhrkamp Verlag, Frankfurt 2004, S. 24

25) TREND, Druckausgabe 4/2006: http://www.trend.infopartisan.net/trendprint/print01_06.pdf

26) TREND Editorial 5/2006: http://www.trend.infopartisan.net/trd0506/edit0506.html

27) Kraushaar, Wolfgang: Die Bombe im Jüdischen Gemeindehaus, Hamburger Edition 2005

28) Textsammlung High sein, frei sein, Terror muss dabei sein: http://www.trend.infopartisan.net/litlisten/aufruhr/index.html

29) Aufruhr & Revolte. Virtuelles Sammelwerk: http://infopartisan.net/archive/1967/index.html

30) TREND, Druckausgabe 5/2006: http://www.trend.infopartisan.net/trd0906/print02_06.pdf

31) TREND Editorial 10/2006: http://www.trend.infopartisan.net/trd1006/edit1006.html

32) TREND, Druckausgabe 6/2006: http://www.trend.infopartisan.net/trendprint/print03_06.pdf

33) rotaprint 25 (Hg.): Agit 883. Bewegung, Revolte, Underground in Westberlin 1969–1972, Assoziation A, 1. Auflage Berlin 2006

34) Alle Frankreich-Berichte von B. Schmid befinden sich im TREND-Archiv zusammengefasst unter: http://www.trend.infopartisan.net/geschichte/Frankreich/inhalt.html

35) Rock & Revolte: Startpage vom 1.2.2007:
https://web.archive.org/web/20070213024121/http://www.rockarchiv.infopartisan.net/index.html

36) TREND Textarchiv 30 Jahre später. Die radikale Linke diskutiert ihr politisches Selbstverständnis: http://www.trend.infopartisan.net/geschichte/RAF-Disko/raf.html

37) Die Fabrik brennt: http://www.trend.infopartisan.net/trd0207/t340207.html

38) TREND Editorial 04/2007: http://www.trend.infopartisan.net/trd0407/edit0407.html

39) TREND Editorial 05/2007: http://www.trend.infopartisan.net/trd0507/edit0507.html

40) Schlosser, Robert: Eckpunkte einer kommunistischen Programmatik:
http://www.trend.infopartisan.net/trd0607/t110607.html

41) **Schlosser, Robert**: Kapitalkritik und Kapitalismuskritik: http://www.trend.infopartisan.net/trd7807/t177807.html

42) **Textarchiv Aufruhr & Revolte**: http://infopartisan.net/archive/1967/index.html

43) **Agit883 - die westberliner Ausgaben Nr. 1-88**: http://www.trend.infopartisan.net/reprints/883/index.html

44) **TREND Editorial 05/2007**: http://www.trend.infopartisan.net/trd0607/edit0607.html

45) **Zentralrat der umherschweifenden Haschrebellen**: http://www.rockarchiv.infopartisan.net/haschrebellen/index.html - Zur Person **Bodo Saggel** siehe: https://de.wikipedia.org/wiki/Bodo_Saggel

46) **Berliner Extradienst, II. Jahrgang, 1968**: http://www.trend.infopartisan.net/Berliner_Extra_Dienst%201968/index.html

47) **Remember 1968**: http://www.trend.infopartisan.net/1968/index.html

48) **Rock & Revolte**. Eine Filmcollage: http://www.trend.infopartisan.net/VIDEO/TREND-Rock&Revolte.html

49) **Schnarup Thumby** in der „Scharni 38": https://www.yumpu.com/de/document/view/21349665/pdf-version-schnarup-thumby-kollektiv

50) **Zielona Gora** https://t.me/zg_fhain

51) **Stadtteil- und Infoladen LUNTE**: https://www.dielunte.de

52) **Stadtteil- und Infoladen LUNTE**: Über uns; https://www.dielunte.de/Infos/%C3%9Cber%20uns.html

53) **Freundinnen und Freunde der klassenlosen Gesellschaft**: 28 Thesen zur Klassengesellschaft: http://www.trend.infopartisan.net/trd0308/t030308.html

54) **Majakowski, Kristian u. Karl Rauschenbach**: Kommunismus: mehr als eine hohle Phrase: http://www.trend.infopartisan.net/trd0308/t060308.html

55) **Der revolutionäre Funke**: https://web.archive.org/web/19991128034813/http://revfunke.partisan.net/

56) **TREND Editorial 03/2008**: http://www.trend.infopartisan.net/trd0308/edit0308.html

57) **Schlosser, Robert:** Kritische Anmerkungen zu den 28 Thesen zur Klassengesellschaft: http://www.trend.infopartisan.net/trd0408/t020408.html

58) **Schlosser, Robert:** Antwort auf LeserInnenbrief : http://www.trend.infopartisan.net/trd7808/t027808.html

59) **Die Berichterstattung** erfolgte in einer eigenen Rubrik auf der monatlichen TREND-Titelseite Nr. 10/2008 bis 06/**2009 - direkt aufzurufen über** http://www.trend.infopartisan.net/jahrgaenge.html

60) **TREND-Druckausgabe 8/2009** http://www.trend.infopartisan.net/trendprint/trendprint08_09.pd

61) **Sandleben. Guenther** : Mythos Finanzmarktkrise; http://www.trend.infopartisan.net/trd0109/t390109.html

62) **Schlosser, Robert:** Der drohende Zusammenbruch der Kapitalakkumulation stellt die Systemfrage: http://www.trend.infopartisan.net/trd0309/Schlosser_zur_Krise.pdf

63) **Flyer: Septemberstreiks:** http://www.trend.infopartisan.net/trendprint/print09_09flyer.pdf

64) **Materialsammlung zu den Septemberstreiks:** http://www.trend.infopartisan.net/1969/inhalt.html

65) **Vom ökonomischen zum politischen Kampf:** http://www.trend.infopartisan.net/trd1009/t071009.html

66)**Faschismus ein historischer Sonderfall?:** http://www.trend.infopartisan.net/trd1109/t231109.html

67) **Der aufrechte Gang ist nur durch Bewegung möglich:** http://www.trend.infopartisan.net/trd1209/t011209.html

68) **Diese Welt muss unser sein:** http://www.trend.infopartisan.net/trd1209/t581209.html

69) **Seeck, Anne:** Die Mittelschicht: http://www.trend.infopartisan.net/trd1209/t491209.html

70) **Veranstaltungsflugblatt zum 1.Mai 2010:** http://www.trend.infopartisan.net/trd0310/flugi01_mai2010.pdf

71) **Schlosser, Robert:** Realistischer und unrealistischer Utopismus: http://www.trend.infopartisan.net/trd0310/t430310.html

72) **TREND Editorial 05/2010:** http://www.trend.infopartisan.net/trd0510/edit0510.html

73) **TREND-Archiv Kapitalistischer Stadtumbau & Stadtteilkämpfe;** http://www.trend.infopartisan.net/geschichte/stadtteil/stadt.html

74) **Grenzen emanzipatorischer Islamkritik:** http://www.trend.infopartisan.net/trd0910/t340910.html

75) **Filme im Oktober 2010:** http://www.trend.infopartisan.net/trd0910/t250910.htm

76) **15 Jahre TREND onlinezeitung.** Veranstaltungswochenende: Reform und Revolution. Wege aus dem Kapitalismus: http://www.trend.infopartisan.net/trd1210/t501210.html

77) **Teilhabe e.V. Berlin,** Veranstaltungen : http://www.trend.infopartisan.net/trd0311/t500311.html

78) **Schubert, Karl-Heinz:** Aspekte einer marxistischen Klassentheorie: http://www.trend.infopartisan.net/trd0411/t010411.html

79) **Schmidt, Bern(h)ard:** Länderberichte Algerien, Marokko, Tunesien auf der Seite „Das virtuelle Geschichtbuch": http://www.trend.infopartisan.net/geschichte/index.html

80) **Textsammlung: Die Aufstände in Norafrika 2011:** http://www.trend.infopartisan.net/geschichte/nordafrika2011/na.html

81) **1. Mai 2011 - 10 Fragen aus aktuellem Anlass:** http://www.trend.infopartisan.net/trd0411/t510411.html

82) **Sozialistische Initiative Berlin-Schöneberg:** Neue Antikapitalistische Organisation? Na endlich! http://www.trend.infopartisan.net/trd0311/t550311.html – fortan im Text mit dem Kürzel „NaO" bezeichnet

83) **Wikipedia – Nouveau Parti Anticapitaliste:** https://de.wikipedia.org/wiki/Nouveau_Parti_anticapitaliste

84) **TREND Editorial 04/2011,** http://www.trend.infopartisan.net/trd0411/edit0411.html

85) **Veranstaltungsseite Klasse & Partei;** http://www.trend.infopartisan.net/trd0511/t640511.html

86) **Solidarität ist gefragt.** Diesmal mit der TREND Onlinezeitung; http://www.trend.infopartisan.net/trd0911/t640911.html

87) TREND Teach-in Nr. 3. Rechtspopulismus und die Linke: http://www.trend.infoparti-san.net/trd1211/t011211.html

88) Nachlese zum TREND Teach-in: http://www.trend.infoparti-san.net/trd1211/t801211.html

89) Schubert; Karl-Heinz : Meuterei auf den Knien: http://www.trend.infoparti-san.net/trd0113/t010113.html

90) TREND-Gespräch: "Kämpfen - untersuchen - organisieren" ttp://www.trend.infoparti-san.net/trd1212/t151212.html

91) Schubert, Karl-Heinz: Grundrente, Mehrwert und Bodenpreis. Thesen im Anschluss an H.-G. Bensch „Grundrente und Mehrwert" : http://www.trend.infoparti-san.net/trd0313/t040313.html

92) Tonmitschnitt von der Veranstaltung: "Löhne rauf - Mieten runter": http://www.trend.infopartisan.net/trd0115/trendgespr9loehneraufmietenrunter.mp3

93) Schubert, Karl-Heinz: Jürgen Brumm ist tot. Nachruf auf einen Freund und Genossen: http://www.trend.infopartisan.net/trd0713/t060713.html

94) Schubert, Karl-Heinz: Verwertung und Realisierung von Kapital in der Immobilienwirt-schaft- Eine schematische Darstellung: http://www.trend.infoparti-san.net/trd0613/t250613.html

95) Textsammlung „Aus der Geschichte der Stadtteilkämpfe" http://www.trend.infoparti-san.net/geschichte/stadtteil/stadt.html

96) Seeck, Anne: Neue Widerstandsformen braucht das Land?! Zur Geschichte von Sozial-protesten und Protestformen: http://www.trend.infopartisan.net/trd0813/t150813.html

97) Veranstaltungsreihe Let's talk about class!: http://www.trend.infoparti-san.net/trd1013/t341013.html

98) Schubert, Karl-Heinz: Das neue Buch von David Harvey "Rebellische Städte": http://www.trend.infopartisan.net/trd1013/t021013.html

99) Schubert, Karl-Heinz: "Lohnarbeit & Kapital" Die Marxsche Kritik der politischen Ökono-mie als Grundlage der Klassentheorie: http://www.trend.infoparti-san.net/trd1013/t031013.html

100) taz-Interview: "Die Klasse konstituiert sich nur im Kampf" https://taz.de/Marxismus-heute/!5056095/

101) Piraten Talk: Marxismus Anarchismus; http://www.trend.infopartisan.net/VIDEO/vi-deo.html

102) Sandleben, Guenther: Bourgeoisie - Vortragsmanuskript; http://www.trend.infopartisan.net/trd1213/t031213.html

103) TREND's Veranstaltungsreihe 2013/14; http://www.trend.infopartisan.net/trd1013/t341013.html

104) Fünf Jahre Kampf ums Tempelhofer Feld, http://www.trend.infoparti-san.net/trd0414/t860414.html

105) Eismann. Andrea: TREND- Interview mit AktivistInnen von „Tempelhof für Alle" und „100 % Tempelhofer Feld": http://www.trend.infopartisan.net/trd0414/t400414.html

106) Folgende Veröffentlichungen zur Lage und Lebensweise der (akademischen) Mittel-schichten in den spätkapitalistischen Gesellschaften wurden diskutiert: **Barbara Ehrenreich**: Angst vor dem Absturz. Das Dilemma der Mittelklasse. München 1992: **Ulrike Herrmann**:

Hurra, wir dürfen zahlen. Der Selbstbetrug der Mittelschicht. München 2010: **Cornelia Koppetsch**: Die Wiederkehr der Konformität. Streifzüge durch die gefährdete Mitte, Frankfurt/Main 2014

107) TREND Archiv Philosophie : http://www.trend.infopartisan.net/philosophie/start.html

108) TREND Veranstaltung: Karl Marx. Philosoph der Befreiung oder Theoretiker des Kapitals? http://www.trend.infopartisan.net/trd5615/t175615.html

109) Der „Mietenvolksentscheid" – Chance vertan! http://www.trend.infopartisan.net/trd0915/t410915.html

110) Schubert, Karl-Heinz: Wohnungsnot und Mietpreistreiberei http://www.trend.infopartisan.net/trd0915/t190915.html

111) TREND-Ausgaben 02/2015: 03/2015: 07/2015: 09/2015: http://www.trend.infopartisan.net/jahrgaenge.html

112) Kapitalistische Boden- und Immobilienwirtschaft; http://www.trend.infopartisan.net/litlisten/poloek/immokap.html

113) Kapitalistischer Stadtumbau & Stadtteilkämpfe; http://www.trend.infopartisan.net/geschichte/stadtteil/stadt.html

114) Roter Aufbau: Für einen roten Aufbau! Gründungserklärung. Hamburg 2015: S.25 https://roter-aufbau.de/wp-content/uploads/2019/10/fuer-einen-roten-aufbau.pdf

115) 20 Jahre TREND Onlinezeitung – Programm: http://www.trend.infopartisan.net/trd1215/20JahreTREND.html

116) TREND-Ausgaben 05/2016: 06/2016: 07/2016: 08/2016: http://www.trend.infopartisan.net/jahrgaenge.html

117) Texte zu Klasse & Partei http://www.trend.infopartisan.net/geschichte/partei+klasse/pk.html

118) Schubert, Karl-Heinz: Flashback des Voluntarismus: http://www.trend.infopartisan.net/trd0716/edit0716.html

119 Die maoistische Gruppe „Jugendwiderstand" löste sich 2019 nach knapp fünf Jahren auf und hinterließ ihren Blog als letzte Spur im WWW: https://jugendwiderstand.blogspot.com/

120) Schubert, Karl-Heinz: „Denn ich war gewissermaßen klassenflüchtig", Buchbesprechung Didier Eribon: Rückkehr nach Reims: http://www.trend.infopartisan.net/trd1016/t251016.html

121) Benjamin, Walter: Über den Begriff der Geschichte (1940): http://www.trend.infopartisan.net/trd0117/t010117.html

122) TREND 01/2017 Texte zur Geschichte: http://www.trend.infopartisan.net/trd0117/inhalt.html

123) Texte zur Oktoberrevolution: http://www.trend.infopartisan.net/100JAHRE/index.html

124) TREND Editorial 02/2017: http://www.trend.infopartisan.net/trd0217/edit0217.html

125) Sandleben, Guenther : Die Lehre vom finanzmarktgetriebenen Kapitalismus – eine bürgerliche Legende: http://www.trend.infopartisan.net/trd0217/t250217.html

126) Schubert, Karl-Heinz: Berlin-Macher:innen: http://www.trend.infopartisan.net/trd0817/t110817.html

127) CIA-Forschungsbericht Frankreich: Linke Intellektuelle laufen ins gegnerische Lager über. http://www.trend.infopartisan.net/trd5617/t105617.html /

128) TREND Editorial 08/2017: http://www.trend.infopartisan.net/trd0817/edit0817.html

129) Bücker, Wolfram u. Willi R.Gettél: Die Verhältnisse sind reif für eine Revolution: http://www.trend.infopartisan.net/trd0917/t340917.html

130) Sandleben, Guenther: Bemerkungen zu den Thesen: „Die Verhältnisse sind reif für eine Revolution": http://www.trend.infopartisan.net/trd1017/t231017.html

131) MEW 25/221-277

132) Schubert, Karl-Heinz: Schwarmbegriffe : http://www.trend.infopartisan.net/trd1117/t311117.html - derselbe: Marxismus für den Salon http://www.trend.infopartisan.net/trd1217/t011217.html

133) Ottomeyer, Klaus: Zum Subjektbegriff bei Marx: http://www.trend.infopartisan.net/trd1117/t041117.html

134) Weiss, Ulrich : "Das Gegenteil von revolutionär" http://www.trend.infopartisan.net/trd1017/t421017.html

135) TREND Editorial 01/2018: http://www.trend.infopartisan.net/trd0118/edit0118.html

136) TREND Editorial 02/2018: http://www.trend.infopartisan.net/trd0218/edit0218.html

137) Berliner Extra Dienst, Westberlin 1968, 2. Jhg.: http://www.trend.infopartisan.net/Berliner_Extra_Dienst%201968/index.html

138) 1968: Geschichte wird gemacht…: http://www.trend.infopartisan.net/trd0418/t670418.html

139) Aktionkomitee gegen Berufsverbote an der FU Berlin: Staatliche Maßnahmen zum Berufsverbot http://www.trend.infopartisan.net/trd1118/t011118.html

140) Schubert, Karl-Heinz: Die Säuberung des DGB. Unvereinbarkeitsbeschlüsse gegen Kommunist:innen: http://www.trend.infopartisan.net/trd1218/t011218.html

141) 100 Jahre Novemberrevolution. Eine Textsammlung: http://www.trend.infopartisan.net/1918/index.html

142) Ulbricht, Walter u.a: Geschichte der deutschen Arbeiterbewegung., Band 3, Berlin 1966, S.180f

143) TREND Editorial 01/2019: http://www.trend.infopartisan.net/trd0119/edit0119.html

144) Filmreihe "Wer hat uns verraten..." http://www.trend.infopartisan.net/trd0119/t110119.html

145) Mehring, Franz : Gustav Adolf; http://www.trend.infopartisan.net/1618-1648/index.html

146) Albrecht, Richard: Armenozid; http://www.trend.infopartisan.net/Armenozid/index.html

147) Das Volksbegehren DW enteignen; http://www.trend.infopartisan.net/trd5618/t335618.html

148) Texte aus dem autonomen Spektrum; http://www.trend.infopartisan.net/geschichte/Milieulinke/autonome.html

149) Stadtumbau & Stadtteilkämpfe: http://www.trend.infopartisan.net/geschichte/stadtteil/stadt.html

150) Interventionistische Linke Berlin: Das Rote Berlin; S.148; http://www.trend.infopartisan.net/trd5618/das_rote_berlin.pdf

151) Balcerowiak, Rainer: Es fährt ein Zug nach nirgendwo. http://www.trend.infopartisan.net/trd0918/t190918.html

152) Vorläufiger Beschlusstext für ein Vergesellschaftungsgesetz von Grund und Boden. http://www.trend.infopartisan.net/trd1118/t171118.html

153) Deutsche Wohnen & Co enteignen: Beschlusstext Volkbegehren; https://content.dwenteignen.de/uploads/Beschlusstext_Volksbegehren_eccd8d6b0c.pdf

154) Kolumna, Karla : Das Haus Weisestraße 56 und seine Eigentümer: http://www.trend.infopartisan.net/trd1118/Recherche_1.pdf:

155) Peter, Erik: Linke Kneipe enttarnt Immobilienriesen, TAZ vom 19.11.2018

156) Kneipenkollektiv Syndikat: Ende Legende Syndikat? Nein! http://www.trend.infopartisan.net/trd1018/t201018.html

157) Solidarische Nachbar:innen des Syndikats: http://www.trend.infopartisan.net/trd0820/t160820.html:

158) TREND Archiv Länderberichte Venezuela; http://www.trend.infopartisan.net/geschichte/Venezuela/inhalt.html

159) TREND Editorial 01/2019: http://www.trend.infopartisan.net/trd0119/edit0119.html

160) Koschitzki, Michael: Deutsche Wohnen:Enteignen oder Kaufen? http://www.trend.infopartisan.net/trd0219/t710219.html

161) Sonderthema „Spaltung in CWI und SAV" http://www.trend.infopartisan.net/trd0819/inhalt.html

162) Sozialistische Organisation Solidarität (SOL): Gründungserklärung vom 8.9.2019: http://www.trend.infopartisan.net/trd0919/t300919.html

163) Schubert, Karl-Heinz : Gegen Wohnungsnot und Mietpreistreiberei; http://www.trend.infopartisan.net/trd0419/t200419.html

164) MLPD: Zum Volksbegehren "Deutsche Wohnen & Co enteignen" http://www.trend.infopartisan.net/trd0419/t590419.html

165) Suchanek, Martin: Deutsche Wohnen, Vonovia & Co. Enteignung – ja klar! Entschädigung – nein danke! http://www.trend.infopartisan.net/trd5619/t095619.html

166) Berliner Gruppen im Kampf: http://www.trend.infopartisan.net/trd0719/t230719.html

167) Rudek, Thomas: Nebelkerze mit toxischen Nebenwirkungen für Mieter; http://www.trend.infopartisan.net/trd0719/t290719.html

168) Rothe-Ecke: Startseite: https://rothe-ecke.de/

169) Schubert, Karl-Heinz : Ein wohnungspolitischer Denkzettel; http://www.trend.infopartisan.net/Vortraege/Referat%20Kassel_31-10-19.pdf

170) TREND Titelseite Nr. 01/2020: http://www.trend.infopartisan.net/trd0120/inhalt.html

171) Grüne Anti-Kapitalistische Front: Wer wir sind: http://www.trend.infopartisan.net/trd0319/t500319.html

172) TREND Editorial 10/2019: http://www.trend.infopartisan.net/trd1019/edit1019.html

173) Löcher in der Mauer. Materialsammlung: http://www.infopartisan.net/archive/1989/index.html

174) TREND Editorial 8/2019: http://www.trend.infopartisan.net/trd0819/edit0819.html

175) Vor 30 Jahren: Mauer kaputt. http://www.trend.infopartisan.net/1989/index.html

176) Deutschland ist Brandstifter! https://antifa-nordost.org/8948/broschuere-veranstaltungsreihe-deutschland-ist-brandstifter/

177) TREND Editorial 12/2019: http://www.trend.infopartisan.net/trd1219/edit1219.html

178) Filmclub Lunte. Filmprogramm von Januar bis März: http://www.trend.infopartisan.net/trd0120/LUNTE-FC-01-2020.html

179) Lunte – über uns; https://www.dielunte.de/Infos/%C3%9Cber%20uns.html

180) Schulze, Detlef Georgia: Das willkürliche Verbot bleibt bestehen: http://www.trend.infopartisan.net/trd0220/t180220.html

181) Schulze, Detlef Georgia: linksunten.indymedia. Was ist eigentlich noch verboten? http://www.trend.infopartisan.net/trd0620/t340620.html

182) Schulze Detlef Georgia und Achim Schill Ein neues linksunten? http://www.trend.infopartisan.net/trd0620/t350620.html

183) Schulze Detlef Georgia und Peter Nowak, Achim Schill: Hände weg von Indymedia! http://www.trend.infopartisan.net/trd0720/t390720.html

184) Schulze, Detlef Georgia: "geistige-gefaehrdungen.net" Wieder im Rennen! http://www.trend.infopartisan.net/trd0820/t270820.html

185) Schulze, Detlef Georgia: Die Schweiger von der Spree. http://www.trend.infopartisan.net/trd0820/t350820.html

186) Bern(h)ard Schmid: Im"sanitären Ausnahmezustand": http://www.trend.infopartisan.net/geschichte/Frankreich/2020-corona/2020corona.html

187) Heraus zum 1. Mai, Aufrufe und Diskussionsbeiträge: http://www.trend.infopartisan.net/trd0420/t440420.html

188) Beadenkopf, Brenda Walker: A Quaker Behind the Dream: Charlie Walker and the Civil Rights Movement, Living Parables of Central Florida, Inc. (27 Feb. 2019)

189) Walker, Charles C. : Handbuch für Planung und Durchführung von direkten gewaltlosen Aktionen, Offenbach 1963: http://www.trend.infopartisan.net/trd0420/t320420.html

190) TREND Serie zum 200. Geburtstag von Friedrich Engels: http://www.trend.infopartisan.net/geschichte/engels2020/engels2020.html

191) Schubert, Karl-Heinz: Zivilcourage in den Zeiten von Corona: http://www.trend.infopartisan.net/trd0420/edit0420.html

192) TREND Editorial 05/2020: http://www.trend.infopartisan.net/trd0520/edit0520.html

193) TREND Editorial 06/2020 http://www.trend.infopartisan.net/trd0620/edit0620.html

194) Sandleben, Guenther: Spiel mit dem Feuer – wie Staaten ihre Zukunft verspielen; http://www.trend.infopartisan.net/trd1020/t211020.html

195) Schubert, Karl-Heinz: Time to Say Goodbye? http://www.trend.infopartisan.net/trd1220/edit1220.html

196) TREND Titelseite 1/2021: http://www.trend.infopartisan.net/trd0121/inhalt.html

Exkurs über das „NaO-Projekt"

1) Sozialistische Initiative Berlin-Schöneberg: Neue Antikapitalistische Organisation? Na endlich! http://www.trend.infopartisan.net/trd0311/t550311.html

2) TREND Editorial 04/2011: http://www.trend.infopartisan.net/trd0411/edit0411.html

3) Klasse & Partei -Veranstaltung am 22.6.2011: http://www.trend.infopartisan.net/trd0511/t640511.html

4) Schubert, Karl-Heinz: Der sofortige Aufbau einer revolutionär-proletarischen Partei steht nicht auf der Tagesordnung; http://www.trend.infopartisan.net/trd0611/t290611.html

5) Balcerowiak, Rainer: Kontrovers, aber erfrischend. http://www.trend.infopartisan.net/trd0611/t530611.html

6) MEW 19/227f

7) Berichte vom TREND Gespräch Nr.1 über Organisation & Programm: http://www.trend.infopartisan.net/trd1211/t041211.html

8) Massen, Spontaneität, Partei. Eine Diskussion zwischen Jean-Paul Sartre und Il Manifesto (1969): http://www.trend.infopartisan.net/trd1211/t061211.html

9) TREND-Gespräch Nr. 2, Rote Raketen erhellen die Nacht. http://www.trend.infopartisan.net/trd1211/t021211.html

10) Das Bochumer Programm: https://marx-forum.de/Forum/cms/article-1-bochumer-programm.html

11) Schlosser, Robert: Revolutionäres Minimalprogramm. Kurze Erläuterungen zum „Bochumer Programm: http://www.trend.infopartisan.net/trd1011/t231011.html

12) TREND-Gespräch Nr. 3: Das „Bochumer Programm" – ein Vorschlag oder mehr? ; http://www.trend.infopartisan.net/trd0112/inhalt.html#debatte

13) Systemcrash: Für eine Organisation, die politische und kulturelle Unterschiede aushält! http://www.trend.infopartisan.net/trd0112/660112.html

14) Prütz, , Michael: Pressemitteilung vom 10.2.2012: Treffen der Initiative zur Bildung einer neuen antikapitalistischen Organisation
 http://www.trend.infopartisan.net/trd0212/t560212.html

15) TREND-Gespräch Nr. 4: „Keine Revolution ohne Dekonstruktion?! http://www.trend.infopartisan.net/trd0312/t220312.html

16) Umsganze: Aufruf zum 31. März 2012: Europaweiter Aktionstag gegen den Kapitalismus: https://www.umsganze.org/31-maerz-2012-europaweiter-aktionstag-gegen-den-kapitalismus/

17) TREND-Gespräch Nr. 5: Theorien (in) der Krise http://www.trend.infopartisan.net/trd0312/t530312.html

18) Schubert, Karl-Heinz: Thesen zum „Bochumer Programm": http://www.trend.infopartisan.net/trd0112/010112.html (Teil 1) - http://www.trend.infopartisan.net/trd0112/270112.html (Teil 2)

19) Schlosser, Robert: Marxismus und Bochumer Programm. http://www.trend.infopartisan.net/trd0713/t130713.html

20) TREND-Gespräch Nr. 6: Wie den Krieg gegen die Paläste führen? http://www.trend.infopartisan.net/trd0412/t03042012.html

21) Kapitalistischer Stadtumbau & Stadtteilkämpfe: http://www.trend.infopartisan.net/geschichte/stadtteil/stadt.html

22) Wütende Anwohner:innen: Verdrängung verhindern - Mieten senken - Immobilienkonzerne enteignen!: http://www.trend.infopartisan.net/trd0412/t46042012.html

23) TREND-Gespräch Nr.7: Männer und Emanzipation: http://www.trend.infopartisan.net/trd5612/t125612.html

24) TREND-Gespräch Nr.8: Revolutionärer Kommunismus in der Partei DIE LINKE – Geht das? http://www.trend.infopartisan.net/trd5612/t285612.html

25) NAO-„Sommerdebatte" in Berlin vom 31.8. – 2.9.12: https://web.archive.org/web/20120830093328/http://www.nao-prozess.de/blog/nao-sommerdebatte-in-berlin-vom-31-8-2-9-12/

26) TREND Redaktion: Good Bye NaO. oder warum der AKKA aus dem NaO-Prozess ausgeschieden ist. http://www.trend.infopartisan.net/trd1012/t201012.html

27) NaO: NaO-Prozeß geht künftig getrennte Wege, http://www.trend.infopartisan.net/geschichte/NAO/NAO-Debatte/NaO-Proze%C3%9F%20geht%20k%C3%BCnftig%20getrennte%20Wege.htm

28) Ausgewählte Texte zur Geschichte der NaO (Sommer 2013 bis heute)":
http://www.trend.infopartisan.net/trd1016/t501016.html

29) Musste das wirklich sein?? http://www.trend.infopartisan.net/trd1016/t501016.html

Titelseite der letzten Ausgabe

Aufruhr & Revolte

Materialsammlung zur Geschichte der außerparlamentarischen Opposition von 1961 bis Ende 1969

http://www.infopartisan.net/archive/1967/index.html

Rock und Revolte

Das Archiv will einen Eindruck von Musik und Räumen von den 50er Jahren bis in die Mitte der 70er vermitteln, wo sich Spaß & Lust & Protest zunehmend in politische Revolte & sozialen Widerstandtransformierten ;

http://www.rockarchiv.infopartisan.net/index.html

Agit 883

Die westberliner Ausgaben Nr. 1-88

http://www.trend.infopartisan.net/reprints/883/index.html

Mao-Bibel online

Reprint der ersten deutschen Ausgabe von 1967

http://www.infopartisan.net/archive/maobibel/maobibel.html

Mao Tsetungs Werke in deutscher Sprache

Band 1-5 in HTML konvertiert und redigiert von Hifei Tsin

http://www.infopartisan.net/archive/maowerke/index.htm

INFOPARTISAN

.... *erscheint demnächst*

Karl-Heinz Schubert

NACHBETRACHTUNGEN

25 Jahre Trend Onlinezeitung Teil 2